最強投資大師

教你看懂

飆股K線

用**100**張圖抓住漲停板的訊號，快速賺到**1000**萬

大樂文化　　江氏交易系統創辦人 江海 ◎著

Contents

第 1 章

了解飆股形態，
打穩技術分析的基礎 025

第 2 章

剖析飆股 K 線，
快速判斷多空動能的變化 065

第 3 章

跟隨主力抓穩低買高賣時機，
順勢操作獲利 101

推薦序一

學會正確的投資方法，搏擊股市的蒼穹

北京大學中國金融研究中心證券研究所所長　呂隨啟

我與江海老師相識11年，他在股市中的投資經驗已超過20年，拜訪過十幾位前輩，跟隨在投資上的恩師許多年，加上自律、勤奮，在股票投資上取得非凡的造詣。

從2011年一路走來，他經歷大盤每次的變盤點，例如：2011年7月20日、2011年10月17日、2014年7月24日、2015年6月12日、2015年8月18日、2016年熔斷、2017年3月29日、2018年1月26日等等，都能提前做出精準預判。

我們在幾年前約定，如果江海老師出版投資類書籍，我一定會寫序。因為我見證股市一次次的漲跌、起落，見證股民在這條道路上走的彎路，甚至有人走向萬劫不復的深淵。

授人以魚不如授人以漁

江海老師願意將他的所學、所知、所悟，透過江氏交易天機系列叢書，毫無保留地向讀者公開，讓我非常欣慰。我曾經開玩笑地問他：「你的交易系統已足夠讓你在這個市場中如魚得水、平步青雲，為何還不辭辛勞地奔波於各地講課，每天工作時間都超過14小時？」

江海老師回答：「我和我的家庭因為這個市場而不用為財富發愁，所以我想幫助更多有需要的人，但是授人以魚不如授人以漁，憑

一己之力能幫助多少人？我願意透過講課的方式，將交易知識傳授給有緣人，幫助他們在市場中成長，這一方面是傳承交易系統的知識，成就更多人，另一方面是實踐我的信念『法布施得智慧』，讓生命不息、學習不止。這是我願意站在講台上的原因，為股票投資傳經布道，啟迪他人、修練自己。」

有效學習，避免成為任人宰割的羔羊

　　股市還在發展和完善的過程中，上市公司數量不斷增多，交易規則不斷完善，投資的難度越來越大。投資者若不能有效學習，把自己變得更專業，很可能變成任人宰割的羔羊。

　　江氏交易天機系列叢書結合股市特性，從多個角度分析股價運行，並考量不同投資者的需求，從淺入深，結合案例進行深度解讀。

　　股票投資不是按照自己的思維方式預測股價，更不是用一招一式就能穩定獲利，而是全方位研究技術分析，熟悉股價運行的結構和邏輯後才能領悟。本書經常提到主力思維的重要性，培養散戶養成這種思維方式，建立自己的交易模型，並嚴格執行，不要妄測股市，而要跟隨趨勢。

　　K線是證券投資的基礎，是進入股市的第一堂課。江氏交易天機系列叢書的《買在起漲》，對各種K線形態進行量化定義，並深度解讀「每個形態背後的多空資金如何博弈」、「散戶的思維方式與主力有何不同」、「相同形態在股價運行的不同位置出現時的含義是什麼」等問題。

　　在傳統的技術分析中，從K線圖中只能解讀開高走低的有限資訊，而《買在起漲》顛覆以往的分析方式，從多空博弈的角度，解讀股價運行的邏輯。

　　漲停板是最吸引投資者的技術形態，因為它可以帶來豐厚的獲

利。從統計學和機率論的角度來看，風險和獲利是對稱的，想取得更多的獲利，就要面臨更大的風險，但是對於理解股價運行邏輯的人來說，好的投資機會一定是在承受小風險的同時，還能帶來更大的獲利。《漲停聚金》透徹分析不同位置的漲停板，深度剖析什麼位置的漲停板最具有低風險、高獲利的投資機會。

雖然盤面是股票交易中的最小單位，但它決定任何一種行情機會的轉變，更是主力資金和散戶最直接互動的戰場。投資者經常可以從盤面中看出，當下主力是在建立部位、拉升還是出貨，但結果總是事與願違，股價的真實方向與判斷的主力意圖是相反的。要上升到人性和博弈層面，並切實結合股價運行的位置要素，進行綜合分析，才能準確發現主力動向。這是眾多書籍無法解決的問題，而正是《莊散博弈》的最大亮點。

均線對交易的輔助作用很大，但不同的均線參數會直接決定交易結果，究竟該如何設置均線參數？實際上，均線和K線的陰陽一樣，只代表股市運行過程中的一種表象，均線背後的真實意義才最具有研究價值。《黑馬在線》立足於從面到點、從整體到局部的分析方式，建立均線分析之前的位置要素分析模式，跳出均線參數的謎團，更注重主力行為和趨勢的分析，回歸價格結構的根源。

《最強投資大師教你看懂飆股K線》是江海老師的新書，從人性層面看待技術分析，站在大勢高度看待風險和機會。如果說江海老師之前的6本書可以讓投資者全方位認識股市，那麼本書能讓局內人懂得從局外看局內。

這本書將為想在股市中取得優異成績的您增添雙翼，幫助您快速起航、搏擊股票投資的蒼穹。

推薦序二
前人栽樹、後人乘涼，
吸收投資理論的精華

資深投資人　曲君潔

　　有些經驗豐富的投資者十幾年來見證股價的漲跌，但自己的獲利不盡人意。這些人對股市有所認識，卻始終無法形成一個有效的交易系統，一旦遇到高人指點，多年累積的手感和經驗，會讓自己對股市有全新的領悟，也會在操作上取得突破的進展。

　　相較於大部分投資者，我是幸運的，一進入股市就遇到幫自己指路、一起前行的團隊。

　　幾年的潛心學習和實戰，讓我對股市有全面的了解和認知。無論哪一位投資者，在股市中都需要經歷這個過程：學習理論、用於實戰、總結歸納、修正理論、再用於實戰、再總結歸納……。這像是一塊寶玉反覆雕琢的過程，有敲擊的痛苦、成形的喜悅，無論發生什麼事情，遇到多少問題，終點都只有一個──琢玉成器。

　　每個人一生中都會遇到無數的貴人，他們出現的方式有所不同，有的是以導師的方式為你指引方向，有的是以敵人的方式讓你更加堅強，有的是以親人的方式給你關愛與溫暖，有的是以夥伴的方式與你並肩前行。

　　我們只有心懷感恩，才能接納身邊的每個貴人，才能接納萬物、視萬物為大自然的恩賜。因為接納和包容，世界才會顯得無比美好，

苦味才會變得甘之如飴。

感謝一路走來我身邊的恩師和學長,他們的包容和諒解讓我在股市中日益成熟。雖然在前進的道路上難免跌跌撞撞,但是每一個荊棘讓我們更加凝聚,每一次衝破雲霧後的喜悅讓我們更堅定地走下去。

在一個和平幸福的年代,有前人栽樹、後人乘涼的奉獻,有知識超越個人生命的傳承,有適應一代又一代變遷的包容。感恩運道使然,讓我成為江氏交易系統的一員。

江氏交易系統是一套證券投資的交易系統,能夠應對牛市與熊市,不僅適合想在股市中獲利的普通投資者,也適合要以證券投資工作維生的交易員,還適合掌管龐大資金的操盤手。

整套體系以主力思維、趨勢思維、強者思維、風險思維和逐利思維為指導方向,繼承股市眾多經典投資理論的精華,加上江海老師數十年的投資經驗,大到基本面的研判、小到分時盤面的解讀,處處圍繞股市內在的根本結構,和股市政策、資金主導的特殊交易機制,有效識別不同的行情機會,有系統且理性地實現避險逐利的投資目的。

在本書出版之際,預祝更多有緣人因為本書而結識,因為江氏交易系統而受益。

作者序
操盤高手都在做 4 件事，實現財富自由

時間飛逝，從我拜訪褚時健後，決定帶著責任感和使命感，將江氏交易系統發揚光大的那天起，已時隔數年。

在這些年裡，江氏交易系統日漸完善，得到越來越多投資者的認可。我堅信股市如人生，做好人才能買到好股票，因此在本書付梓之際，與大家分享我怎麼理解「如何成為更好的人」。

第 1 件事：信任與決心

信任是我有今天成就的種子，也是我能執著走在這條路上的泉源。我相信股市有規律可循，而且一定有人通曉它，所以我不斷尋覓可以把我真正帶入股市的貴人，直到我遇見恩師。

在 8 年的時間裡，我堅定不移地跟隨在恩師身邊，用別人想像不到的勤勞和汗水，不斷學習與精進，夜以繼日地走近股市，並且探索股市。

對一件事情有興趣不難，難的是持之以恆做同一件事。我數年來堅持不懈的能量，來自對恩師的信任，以及在這條道路上走下去的決心。我對學員和徒弟的要求也一樣：當你全然相信並接受時，股市的大門才會為你打開。

第 2 件事：寬容待人

感謝恩師寬容我的每個錯誤，這樣的教學品質讓我感受到投資大

師的心胸和格局。寬容不只是對身邊的人，也包括身邊發生的一切好事和壞事。

你要像寬容自己一樣，寬容身邊的每個人，寬容股市給予你的每次虧損，寬容每個誹謗你的人。我因為學會寬容，遇到事情時更加平和，以更成熟的心態面對股市的千變萬化，結識更多來自五湖四海的朋友。

第 3 件事：由衷感恩

如果你還沒體會到感恩的奧妙與能量，我真心建議起身實踐，因為你會發現生活有著微妙變化。

我因為感恩，生活減少抱怨、多了美好，在逆境中找到希望。感恩美好的事物很容易，然而精彩的人生屬於對挫折也心存感激的人。我們要感恩股市，是它成就成千上萬的投資者；感恩主力資金辛勤地運作，讓我們有獲利機會；感恩每個刻骨銘心的往事，讓我們變得更加堅強與勇敢。

第 4 件事：愛自己

當信任、寬容及感恩成為你生活的一部分時，你將時時刻刻被正能量包圍，漸漸發現自己變得越來越光彩照人，因為在實踐信任、寬容及感恩的同時，自己才是最大的寵兒。

愛自己不是買最貴的衣服、住最漂亮的房子、開最豪華的車，而是願意讓自己不斷增長內心平和、洞察萬物的能力。愛自己不是自私，而是愛周圍一切的開始。

股市是最好的修行場所，但是修習的並非技術，而是躁動不安的

心。如果股票投資還沒帶給你快樂，請你學習信任、寬容、感恩和愛自己，這才是能夠讓你在精神和物質層面上變得富足的根源。

開卷有益，歡迎大家和我一起在股市中成長、前行！

導讀

投資大師教你看穿主力手法，
漲跌都能輕鬆賺

　　在回顧二十餘年股市生涯的過程中，我感慨股市帶給我的心路歷程和財富累積上的變化。投資股票增強我對事物本質更深的思考和洞察，讓我對人生和世事更加通達。

　　最重要的是，成為操盤手導師讓我結識各個行業的精英，為他們在投資路上指引方向，讓更多投資者從業餘走向專業，從虧損走向獲利。隨著學員越來越多，每次聽到學員分享投資見解和獲利喜悅時，我和團隊越來越堅信我們信仰的東西。

　　本書著重在分享主力思維，也就是如何站在股市引導者的位置上，看待市場與股價的變化。這需要對基礎知識、人性博弈、實事動態有全方位的把握，才能深入理解。

　　股市中的修練與成長，與人的一輩子一樣。我人生的3個不同階段，首先是大學期間，我對充滿變數的未來有著無限的茫然，但「未來是美好的」這個信念讓我努力打拚著。接著是2000年，我剛做生意並開始接觸股票，公務員出身的我在從商後有顆桀驁不馴的心，認為自己對各種遊戲規則瞭若指掌。然後就是現在，我已年近50，留下歲月痕跡，感恩半個世紀的閱歷讓我的人生變得豁達、坦然。

　　我人生的3個階段是每個人一生中會經歷的階段，也是參與股票投資必定經歷的階段：從對股市一知半解的小白，到有過獲利後的大徹大悟，再到讀懂股市的雲淡風輕。

　　我們對股市的認識程度決定我們的狀態，曾經茫然、焦慮、不可

一世，但是對股市大徹大悟時，這一切只是過眼雲煙。這是個漫長的過程，需要上課、看書、做筆記、復盤、交易、總結、再交易、再總結……。

在股海中交易宛如大浪淘沙，能成為股市佼佼者，可說是幾經牛熊、見過大風大浪，一定離不開高人指引、貴人幫助及親人支持。其實我沒有太多優勢，只是在股票上花費時間更多、付出更多，所以有更多心得與大家分享。

很多剛進場的投資者都會心急，因為總是想一夜致富，但在股市的修行必須經歷幾個階段。我將專業操盤手的成長歷程分為8個階段，幫助大家意識到自己面臨的問題和解決方案。不同的人經歷每個階段的順序會有些差異，甚至會跳過某些階段，但這些階段對投資的指導邏輯是不變的。

第 1 階段：小有收獲

在這個階段，你手上有一點閒錢，認為存在銀行的利息太低，於是踏入股市。你對股票的交易規則、股市運行規律、技術指標等，知之甚少或完全不知。我曾遇過炒股2年，卻不曉得開盤價和收盤價的投資者。

此時，你只是參與者，買賣僅憑感覺。假如股市氛圍很好，你獲利不少，你會對股市充滿好奇和熱情，覺得這是一個可以發財的地方，因此開始認真學習，虛心向周圍賺錢的人請教，準備在股市上大幹一場。隨著獲利增加，你在股市中賺錢的信心越來越大。

從表面來看，這是最幸運的投資者類型，因為一開始就賺錢，但其實為後期埋下重大隱患，因為人在經過數次正確判斷後，會變得驕傲自大，而股市最喜歡讓桀驁不馴的人低頭。如果你剛開始交易就虧損，反而會謹慎對待股市，降低後期翻大船的風險。

第 2 階段：尋找模式

此時股市一片光明，每天利多不斷，各個投資專家看好股市，利多政策也頻繁出現，但你的帳戶開始出現虧損。你發現之前的操作模式完全不靈，從出手就獲利到買一次虧一次，前期的獲利悉數吐出，本金開始回撤。

在大盤頭部，基本面的所有消息都是利多，看多人氣到達極限。在大盤底部，基本面的所有消息都是壞的。

技術分析具有先天優勢，只要把精力放在盤面上即可，不用關注公司基本面受到管理者水準、上下游行業的景氣程度、國內或國際的政治和經濟情勢所影響，因為價格就是一切。由於技術分析要處理的訊息量少，而且很多投資高手都是短線出身，因此你確認自己要用的投資模式是技術分析。

第 3 階段：苦練技術

你排除價值分析之後，意識到必須提高技能，於是開始努力學習各種知識和操作技巧。由於技術分析的種類太多太活，你總是覺得學不完。經常在弄懂某個技術指標或形態時，就準備大刀闊斧地操作。這時候，很容易被某些招式吸引，或迷信某個來路不明的技術指標，但操作結果仍然屢屢碰壁，於是在不斷的懷疑中輾轉反側。

在這個階段，你的操作有時短線、有時長線，你試過各種方法，有時賺、有時虧，到頭來都在貢獻自己的資金。懂得越來越多，資金越來越少，信心越來越小。失敗的原因在於，沒有綜合分析能力，心態不夠成熟，無法掌握概念類股的熱門輪動效應。此時，萌生「基本面是不是更管用」的想法。

第 4 階段：迷惘輪迴

這個階段，你認為股市總是在跟自己作對，你看什麼都不對，怎麼做都是錯的。更氣的是，你發現媒體上的許多學者和專家言論都不準確，甚至某些高手的實際情況和自己差不多。在你眼裡，股市不再是提款機，反而遍地陷阱。股市沒有標準答案，有利多不一定能漲停，有利空也不一定會跌停。

許多人困惑，為何剛開始什麼都不懂還能賺錢，隨後學的東西越多，反而越虧錢？原因很簡單，當我們懂得太多時，顧慮就越多。如果不能調適心態，就無法理性、客觀地處理千變萬化的資訊。

大部分的人都會先後進入這個階段，遺憾的是，超過80%的人一直停留在這個階段走不出去，有些人重新回到第1或第2階段，遲遲不能解脫，還有些人徹底失望而決定退出股市。

 ## 第 5 階段：技高一籌

股市高手大多都是一步一腳印累積經驗，他們在實戰累積的基礎上融合各種理論，形成一套獨特、完整、適合自己的交易系統或操作體系，並運用自如。有些人熟練地應用某項技術，賺錢機率較高，預測較準確。有些人掌握某種絕招，能做到虧少贏多，進入一般人難以企及的高手行列。

能夠到達這個階段的人不多，一般常見的高手絕大部分屬於這個級別，其中當然有層次高低的區別。

這種局面比上個階段更難打破，除非你某一天恍然醒悟，重新審視股市，找到自己的不足，並下定決心戰勝自己。

圖表 A ▶ 投資者的進階過程

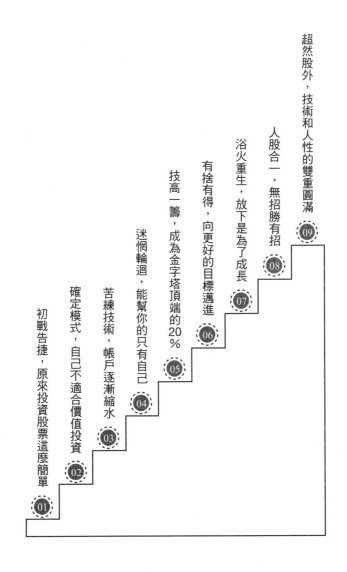

超然股外，技術和人性的雙重圓滿 09

人股合一，無招勝有招 08

浴火重生，放下是為了成長 07

有捨有得，向更好的目標邁進 06

技高一籌，成為金字塔頂端的 20% 05

迷惘輪迴，能幫你的只有自己 04

苦練技術，帳戶逐漸縮水 03

確定模式，自己不適合價值投資 02

初戰告捷，原來投資股票這麼簡單 01

第 6 階段：學會放棄

《老子》中寫道：「為學日益，為道日損。損之又損，以至於無為，無為而無不為。」人們常說有捨才有得，這正是最簡單的道理。股市的法門也是如此，你在焦灼中無法自拔，是因為不懂得捨棄，若懂得捨棄，就能返本歸源。

投資是一門綜合學問，集方法、策略及格局為一體。想走到投資金字塔的頂端，少了哪一個都不能成功，這是許多人明明很努力卻無法成功的主因。

學會放棄是一個化繁為簡的過程，投資者大部分的煩惱源自於此。只有少數人能意識到，自己是理念出問題，也就是走錯方向，於是潛心研究，不再盲目自大、迷信技術指標，而學會看大盤做個股，基本面分析與技術分析並行。

 ## 第 7 階段：浴火重生

找到正確投資理念與有效技術只是新的起點，從下定決心到真正做到，要經歷漫長的摸索、總結、更新、嘗試、再總結、再更新，反覆循環。將總結出的技術融會貫通、熟能生巧，技術與心態才會趨於成熟。

當大勢上升，你操作個股的成功率提高很多，只有賺多賺少的問題，你發現自己已經很長時間不再賠錢。當大勢不好，你會及時撤出休息，即便有點無所事事，有進場的衝動，但了解必須賣掉持股。順勢而為更加得心應手，把握買賣時機更加精確，不過仍有些偏差，需要依靠耐心避免技術上的不足。

在這個階段，你的頭腦清晰、自信心充足，你根據技術面的結果，結合政策面、基本面、資金面及投資者心理等方面的分析，進行

綜合研究之後，雖然不再預測，但對行情越來越有感覺，判斷股市整體走勢越來越準確。

　　理念定型之後，找到正確方向和關鍵技術，很快地進步與突破。你的身心已發生巨大轉變，理念和技術都今非昔比，賺錢越來越容易，但是不再喜歡賣弄了。你清楚知道，投資股票只是在正確的時間做正確的事，賺錢是本來就該得到的獎勵。

第8階段：人股合一

　　技術分析的假設之一是價格呈現趨勢變動，這是技術分析最根本、核心的因素，而最直觀、有效反映趨勢的指標是均線與趨勢線。經過歐美股市200年左右的累積，趨勢線已是一種成熟的技術，而均線直到電腦大規模應用後才出現，然後才有均線理論。後來，隨著電腦普及和均線普遍運用，均線理論的完善與創新才成為可能。

　　現在，我們可以堅信，真正的技術突破是在均線使用方法上的突破。均線成為普通、常見的指標，均線理論是最能反映順勢而為理念的理論。不過，均線在你眼裡不是常人眼裡的模樣，它不需要在參數上糾纏，不需要過多修飾，你就能清楚知道趨勢處在什麼狀態。

　　即使你不用均線，改用KDJ和MACD，也能達到同樣的效果，但你的用法與其他人不同，不再關注是否為黃金交叉或死亡交叉，也不再關心紅柱和綠柱的長短，卻更加可靠。而且，用其他指標也能達到同樣的效果。

　　此時，你對股市運行方向把握得相當準確，遵守規則時不再感到痛苦，而成為自覺的行動、自然的反映，能夠不以漲喜、不以跌悲，且順勢而為、知行合一，到達「無招勝有招，摘葉當飛鏢」的境界。

　　你現在看股市，趨勢越來越清晰，你發現自己有了洞若觀火的感覺，每到關鍵時刻，都可以看見主力的身影，以前認為他們是刻意為

之，現在看來他們也許是逼不得已。你看股市眾生也越來越明白，還能看出高手的缺陷和所處狀態。

　　以上是我在股市中總結的8個階段，也是每位投資者走向金字塔高峰的必經過程。

　　我一再強調，本書的目的是要大家站在主力的角度思考問題，所以你閱讀本書時，要思考自己當下處於哪個階段，更重要的是，不能只單純想看到黃金交叉或死亡交叉的交易訊號，必須將焦點放在其背後的博弈角度。希望本書可以讓你在股票投資上受益匪淺。

NOTE

我們投身這個市場不是來證明自己的正確性，而
是在判斷正確時賺錢，在失誤時及時糾正錯誤。

——《投資者商報》創辦人 威廉‧歐奈爾

第 1 章

了解飆股形態，
打穩技術分析的基礎

1-1 單根 K 線的 9 種形態：紡錘線、十字星、高浪線……

K 線是技術分析的核心

認識K線是我對學員的第1個要求，因為K線是和股市深度對話的基礎。K線會說話，但是它的語言不容易讀懂。本節將介紹單根K線的基本形態和技術要領，並搭配實際案例進行分析。

K線可以分成單根與雙根，若你想認識並理解它，要從最基礎的單根K線開始，就像學習英語從26個字母開始，等到讀懂字母的拼寫和發音後，才能有效組合成單詞、片語，甚至句子。單根K線共有9種形態，分別是大陽線、大陰線、紡錘線、十字星、長上影線、長下影線、流星線、錘子線、高浪線。

1. 大陽線

見圖表1-1，大陽線是指個股當天漲幅大於7%、大盤指數漲幅大於3%的陽K線，上下影線越短越好，最好不要有上影線。這個標準是針對日線而言，在各個週期上都有大陽線，但是在其他週期上，一旦出現漲幅大於最近20根K線平均漲跌幅的2倍以上，就視為大陽線。

圖表 1-1　大陽線示意圖

案 例 解 析

　　見圖表1-2，衛寧健康（300253）的股價經過中長期築底後，雖然還沒站上60均線，但是隨著時間推移，股價越來越收斂，和60均線的距離也越來越近。這裡屬於重要的時間與位置，一旦出現放量陽線，就會扭轉原來的疲憊行情。大陽線出現後，股價以震盪上升的方式運行，從6.60元上漲至13.7元，上漲空間接近1倍。

圖表 1-2　衛寧健康 2017/11/2 至 2018/5/4 的日 K 線走勢圖

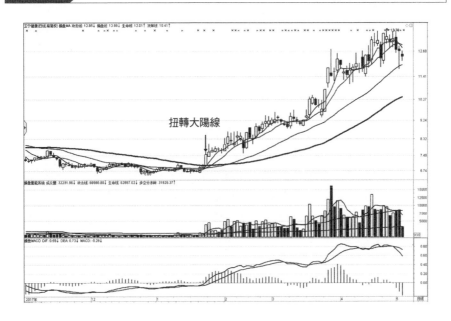

2. 大陰線

圖表 1-3 大陰線示意圖

　　見圖表1-3，大陰線是指個股當天跌幅在7%以上、大盤指數跌幅大於3%的陰K線，下影線越小、上影線越長，說明空方動能越強。這個標準是針對日線而言，在各個週期上都有大陰線，但是在其他週期上，一旦出現跌幅大於最近20根K線平均漲跌幅的2倍以上，就視為大陰線。

案 例 解 析

　　當你看見下跌的中繼形態時，一定要提高警覺，因為中長期的橫盤一旦向下選擇方向，就意味著下降趨勢開始。研判行情一定要先從趨勢的級別著手，明確當下的行情級別後，才能準確找到看盤週期。

　　見圖表1-4，從日線來看，益生股份（002458）的橫盤非常誘惑，這是上漲波段後的強勢橫盤形態，但是在向上突破的位置，上漲陽線的成交量不足。從技術形態來看，很難具備向上突破的動力，再加上基本面驟然突變，導致市場一致性看空，在重要的支撐位出現強勢向下跌破大陰線，熄滅前期對多方行情的幻想。

　　在後期的下跌中，走出7個一字跌停板，下跌幅度有60%。如果在出現大陰線當天果斷停損，便是明智的選擇。

圖表 1-4	益生股份 2017/5/23 至 2018/2/23 的日 K 線走勢圖

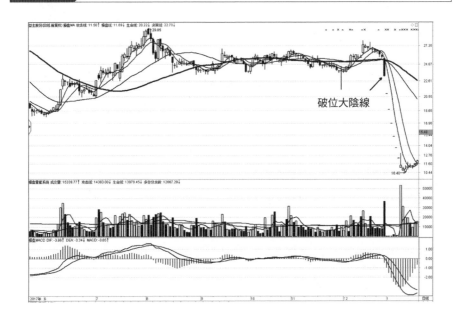

破位大陰線

 ## 3. 紡錘線

　　見圖表1-5，紡錘線是指當天振幅小於5%、實體大於1%的K線，陰陽不分，當天的分時盤面以橫盤震盪為主，代表分歧或喘息。如果當天的成交量越大，分歧越大。相反地，如果成交量越小，表示喘息的機率越大。

圖表 1-5	紡錘線示意圖

紡錘線出現的頻率很高，尤其是在大型股和交易不活躍的股票。單純出現紡錘線很難判斷它帶來的資訊，一定要結合K線形態做深度分析才有意義。

如圖表1-6所示，在奮達科技（002681）的走勢中，該紡錘線出現在小級別收斂形態的第3個高點。此時就像人生的十字路口，一旦出現需要選擇方向時，就會影響人生軌跡。

圖表 1-6 奮達科技 2017/11/6 至 2018/5/4 的日 K 線走勢圖

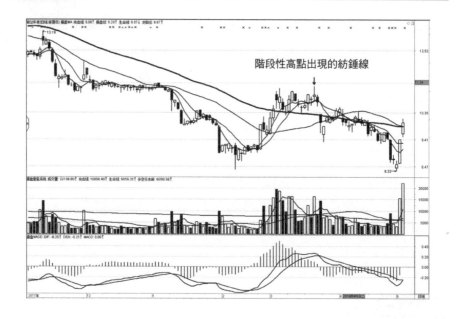

✋ 4. 十字星

圖表 1-7 ▶ 十字星示意圖

　　見圖表1-7，十字星是指當天振幅小於5%、實體小於1%的K線，陰陽不分，當天的分時盤面以橫盤震盪為主，代表分歧或喘息。如果當天的成交量越大，分歧越大。相反地，如果成交量越小，表示喘息的機率越大。

　　十字星和紡錘線不同的是，十字星的振幅更小，代表分歧更小。在一般情況下，十字星當天很難放量，所以一旦遇到放量的十字星，出現變盤訊號的機率就會更大。

案 例 解 析

　　很多投資者面對十字星形態時，經常不知道如何因應，於是焦躁不安或不斷抱怨。

　　見下頁圖表1-8，用友網路（600588）的走勢屬於典型的強勢上升趨勢。在這個過程中出現的十字星，通常是因為多頭指標過熱，導致股價需要等待均線回歸，既是多方市場的喘息，也是非常好的進場點。

　　如果在上升初期遇到十字星，表示有大幅獲利的機會，投資者要建立在這個位置買進的交易模型，並持之以恆。

圖表 1-8 ▶ 用友網路 2017/11/7 至 2018/4/27 的日 K 線走勢圖

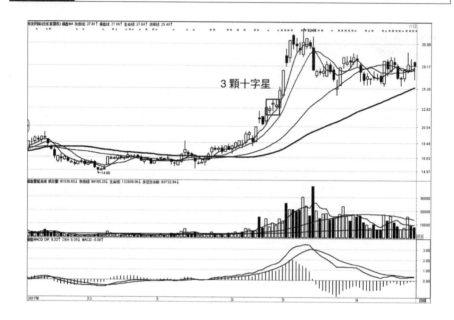

5. 長上影線

圖表 1-9 ▶ 長上影線示意圖

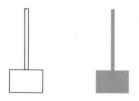

　　見圖表1-9，長上影線是指在當天整體振幅超過5%的情況下，上影線的幅度是實體的3倍以上，最好沒有下影線，說明當天股價上衝

後遭到空方打壓，股價上方的賣壓較重，有調整的需求，除非再次站穩上影線的最高點，否則很難展開新的行情。

案 例 解 析

　　雖然長上影線的出現有時是主力資金向上試盤，但之後還是會出現階段性調整。長上影線一旦出現在重要壓力位上，後期調整的時間就會延長，如果依然是在反彈無力的高點上出現，則接下來會面臨持續下跌，有不斷創新低的可能。

　　見圖表1-10，諾德股份（600110）在前期16.60的高點後持續震盪下跌，這個高點有明顯的放量與滯漲跡象。此時長影線無論是出現在日線還是小週期K線上，都要及時規避。

　　投資者若想增強風險意識，一方面要明白虧損後回本的難度會增加，另一方面要準確識別風險的技術形態。

圖表 1-10 ▶ 諾德股份 2017/4/27 至 2018/1/18 的日 K 線走勢圖

6. 長下影線

圖表 1-11 長下影線示意圖

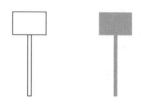

　　見圖表1-11，長下影線是指在當天整體振幅超過5%的情況下，下影線的幅度是實體的3倍以上，最好沒有上影線，說明當天股價下探後得到多方主動買進，也就是股價遇到支撐，此時會止跌調整或向上。長下影線的形態很像一條腿，可以撐起上面的身體，象徵著穩定。

案 例 解 析

　　見圖表1-12，新元科技（300472）在下跌5浪的最後一個波段，以長下影線的方式完成下跌波段的結構形態。在分析下跌形態時，是否出現完整的5浪或背離，是判斷行情結構要思考的問題。

　　從走勢圖上可以看到，在階段性低點出現長下影線後，股價沒有順暢上漲，而是在緩慢爬升後快速向下打壓，這個打壓過程發揮強勢洗盤的作用。最值得關注的是，這根K線最終以長下影線的方式作收。

　　如果最低點的下影線不能作為底部的標準，那麼在第2根下影線出現後，就是進一步確認底部。「一根K線為點，多根K線為面」，點的力量有限，但是從點拓展成面，就會形成更強勢的扭轉力量。

圖表 1-12	新元科技 2017/11/6 至 2018/5/4 的日 K 線走勢圖

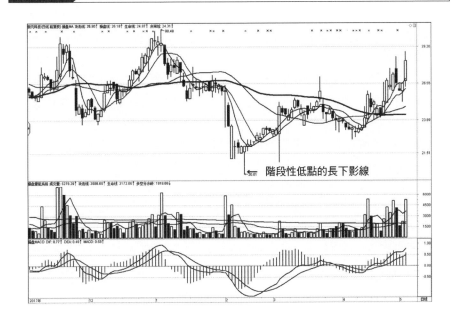

階段性低點的長下影線

7. 流星線

見圖表1-13，流星線與長上影線的差別在於下影線，雖然流星線有下影線，但是最好控制在1%以下，因為在上影線較長的前提下，下影線過長意味著分歧較大，對於研判後期的趨勢方向意義不大。

圖表 1-13	流星線示意圖

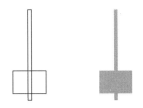

案 例 解 析

　　分析K線形態必須從多空博弈的角度，而不是單純分析K線漲跌的表象，因為表象的變化有限，背後蘊含的博弈關係才是股市多變的根本。

　　見圖表1-14，恒基達鑫（002492）在漲停板後的第1個交易日出現流星線，代表當天分歧非常大。回到當下所處的位置上，股價經過中長期充分下跌後的強勢反彈，通常是強勢流動資金運作股價的行為，股價前期緩慢上漲吸籌，快速拉升為出貨。這在疲弱的股市中很常見，也是投資者在股市震盪中虧錢的主因。

圖表 1-14　　恒基達鑫 2017/11/6 至 2018/5/4 的日 K 線走勢圖

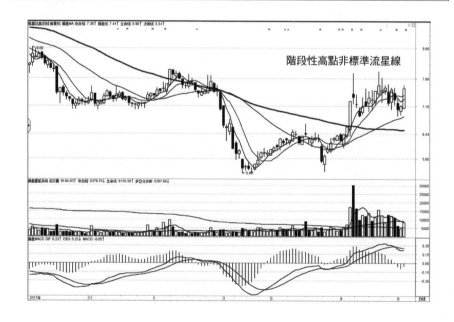

8. 錘子線

圖表 1-15　　錘子線示意圖

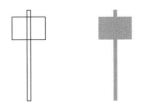

見圖表1-15，錘子線與長下影線的差別在於上影線，雖然錘子線有上影線，但是最好控制在1%以內。同樣地，在下影線較長的前提下，上影線過長意味著分歧較大，股價見底遇到強力支撐後，選擇向上的決心不夠強。

案例解析

在階段性高點出現錘子線和長下影線都要注意，因為這代表股市中的分歧越來越大。出現分歧是因為交易中存在越來越多的買方和賣方，而健康的上漲不應該出現越來越多的賣方。

見下頁圖表1-16，西部礦業（601168）在出現錘子線之前，有一根長上影線，表示股市中的賣壓越來越重，此時的賣壓不是來自前期的套牢盤，而是這個上漲波段的獲利盤。

在階段性頭部，股價必然要面對強勢資金的兌現，以及散戶盲目進場的局面，並且這個局面不是一朝一夕，而是持續一段時間，尤其是在熊市或牛市中。

主力資金的出貨需要足夠的時間，因此反覆出現警示性K線是對頭部的有效驗證，給予投資者足夠的出場機會。

圖表 1-16   西部礦業 2017/4/14 至 2017/10/13 的日 K 線走勢圖

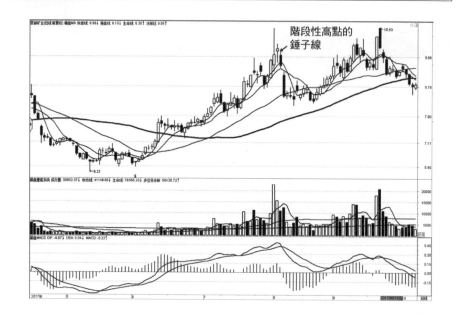

階段性高點的
錘子線

9. 高浪線

圖表 1-17   高浪線示意圖

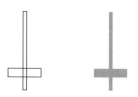

見圖表1-17，高浪線是指振幅大於5%、實體小於1%的股價盤中
劇烈震動。實體的振幅超過5%的情況也較多，是一種非標準的高浪

線，沒有明確的定義，因為在振幅較大的前提下，即使實體的幅度較大，也很難判斷當天多空的決心，畢竟盤中沒有展現明確的一致性多空意願。

案例解析

　　其實K線形態只有3種，分別是一致性K線、分歧性K線和蓄勢性K線，它們之間的相互轉化讓股市充滿變數，但正是這種透過表象具有深度內涵的分類，更能闡述K線背後的博弈。

　　如圖表1-18所示，龍洲股份（002682）在漲停板之後出現高浪線，雖然股價在前期建構明顯的雙底形態，但我們要明確這只是一個小級別的底部形態，距離走出爆發性大黑馬的行情還有很大的差距，所以此時的高浪線是我們要賣出的位置。另外，在強勢行情中的大牛股，高浪線也會出現在洗盤的位置。

圖表 1-18　龍洲股份 2016/11/16 至 2017/5/18 的日 K 線走勢圖

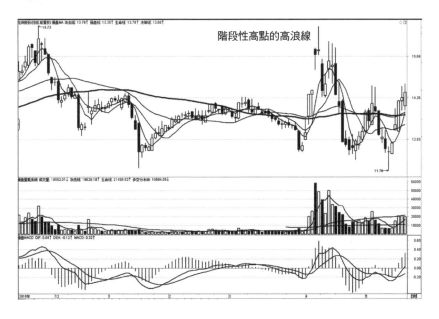

雙根 K 線的 8 種組合：
早晨之星、一陰掃二陽……

　　前面介紹過單根K線的9種形態，接下來介紹雙根K線的8種組合形態，並且搭配實際案例做具體分析。

　　雙根K線共有8種組合，分別是烏雲蓋頂、刺透形態、早晨之星、黃昏之星、母子線、蝴蝶結、跳空二陰、一陰掃二陽。

 ## 1. 烏雲蓋頂

圖表 1-19	烏雲蓋頂示意圖

　　見圖表1-19，烏雲蓋頂是由一根大陽線和一根大陰線構成。股價經過一根大陽線的強勢上漲後，沒有延續上漲，而是在重要位置出現

一根大陰線，該大陰線直接擊穿大陽線實體的二分之一，代表空方能量明顯強於多方，在階段性高點是見頂的標誌，但在上升趨勢中是明顯的洗盤。

　　按照我們的理解，出現大陰線之後，股價會繼續下跌，尤其是前面有陽線時，代表空方動能加強，而且已有明顯的跡象表明空方即將扭轉前期的多方行情。

　　這裡不再贅述烏雲蓋頂形態形成階段性頭部扭轉的走勢，不過這個形態構成的洗盤值得研究，因為一方面可以防止被洗出來，另一方面可以給予投資者參與強勢股的好機會。

　　見下頁圖表1-20，湘郵科技（600476）在11.21的低點形成後，股價有強勢資金吸籌的跡象，屬於在超跌狀態下強勢反彈站穩60均線的行情。這個波段的上漲，是為了確認後期會形成大趨勢的前提條件，也就是說，它提供給投資者的資訊不是在這個波段中獲利，而是一個有效的選股條件，之後要跟進。

　　波段出現前期高點之後，運行波浪理論中的標準ABC調整結構，投資者必須關注調整形態，畢竟只有結構完整的調整形態，才會啟動後期的強勢行情，尤其是在2浪和4浪中，若忽略結構，很容易買在誘多的B浪，進場後直接面臨較大的回檔。

　　60均線是湘郵科技的有效操盤標準，股價圍繞60均線調整後站穩均線，才是投資者要關注的訊號。3浪的延長浪中出現漲停板，是用波浪理論操作強勢股的核心秘密。

　　湘郵科技的精彩之處在於洗盤，在2018年3月、4月及5月的初期市場中，這種洗盤形態很多，因為是場內資金的博弈，所以短線和波段的強勢股都遭到操盤資金的強勢洗盤。只有這樣才能保證後期的拉升與出貨順暢，否則很容易被股市快速扭轉的空方情緒悶殺。

圖表 1-20　湘郵科技 2017/9/7 至 2018/5/4 的日 K 線走勢圖

洗盤中的烏雲蓋頂

2. 刺透形態

　　見圖表1-21，刺透形態與烏雲蓋頂相反，是在空方動能較強時，出現多方能量的反包，大陽線直接插入大陰線實體的二分之一以上，說明多方能量較強。

圖表 1-21　刺透形態示意圖

在實戰中，經常遇到烏雲蓋頂後出現刺透形態，或是刺透形態後出現烏雲蓋頂，這要求投資者根據股價位置，站在主力的角度分析股價變化。

案 例 解 析

如圖表1-22所示，奇精機械（603677）在下降趨勢中出現刺透形態，屬於股價超跌後的強勢陽線反包。無論是在下降趨勢還是橫盤整理中，只要不出現強勢扭轉的陽線，便難以確認下跌結束，因此作為止跌訊號的刺透形態，對扭轉趨勢有著重要意義。

扭轉小趨勢需要小的多方動能，扭轉大趨勢則需要大的多方動能。雖然奇精機械出現刺透形態時，滿足一陽包多陰的形態，但是股價上方壓力重重，扭轉的量能也不夠，導致只能單底建構過程中小級別的反彈或反轉行情。

圖表 1-22　奇精機械 2017/7/19 至 2018/2/12 的日 K 線走勢圖

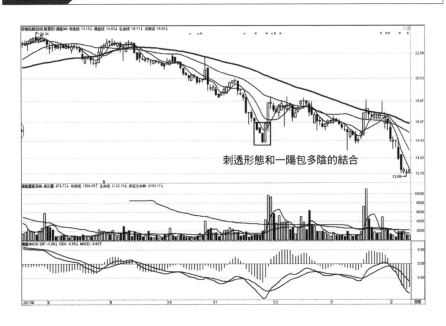

刺透形態和一陽包多陰的結合

3. 早晨之星

早晨之星示意圖

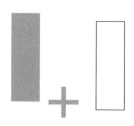

　　見圖表1-23，早晨之星是由3根K線構成，第1根為大陰線，第2根為十字星，第3根為大陽線，是一個標準的逆轉形態。如果十字星當天向下跳空，大陽線向上跳空，則能量轉換的力道更強，通常稱為島形反轉。

案 例 解 析

　　如圖表1-24所示，上海洗霸（603200）的階段性低點出現早晨之星的形態，雖然大陰線和大陽線的實體幅度不夠，但是十字星的左邊和右邊都有明顯的跳空缺口，因此依然可以證明趨勢出現反轉的決心。

　　單純從股價是否創出新低的角度思考，這個早晨之星可以確定為單底，如果仔細觀察當下指數對前期階段性底部的假突破，會發現股價在這個位置建構一個30分鐘級別的底部。雖然底部較弱，但是指引投資者交易30分鐘波段行情的重要依據。

圖表 1-24　上海洗霸 2017/6/19 日至 2017/11/10 的日 K 線走勢

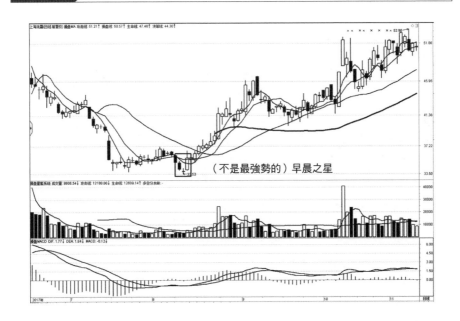

（不是最強勢的）早晨之星

4. 黃昏之星

　　見圖表1-25，黃昏之星是由3根K線構成，第1根為大陽線，第2根為十字星，第3根為大陰線，是標準的逆轉形態。

圖表 1-25　黃昏之星示意圖

　　如果十字星當天向上跳空，大陰線當天向下跳空，則能量轉換的
力道更強，通常稱為島形反轉。

案 例 解 析

　　在實戰中，很多形態不會與理論一模一樣，所以在千變萬化的
盤面中，及時鎖定值得關注的形態至關重要。這要求投資者在回顧
自己的交易過程時，對各種變化的形態加以辯證。

　　黃昏之星是股市由多轉空的危險訊號，如果此時股價的走勢出
現多種見頂的形態，就會大幅增加轉勢的風險。如圖表1-26所示，
展鵬科技（603488）的黃昏之星第1根陽線出現較長的上影線，表
示股價開始遇到嚴重賣壓，第2天的弱勢K線再次說明滯漲的跡象更
加明顯，第3天的大陰線已經確認行情反轉。

圖表 1-26　　展鵬科技 2017/8/24 至 2018/4/23 的日 K 線走勢圖

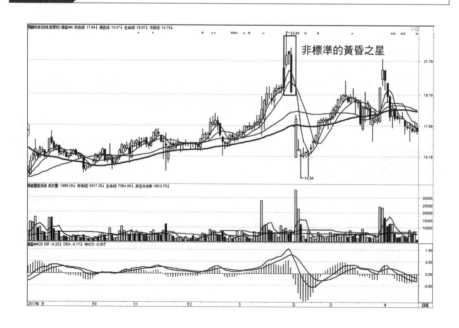

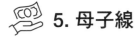 **5. 母子線**

| 圖表 1-27 | 母子線示意圖 |

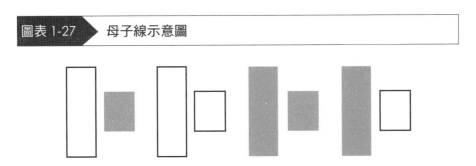

　　見圖表1-27，母子線是指第2根K線被第1根K線的實體包住，也就是第2根K線的最高價和最低價都在前一根K線實體之間。最明顯的是，第2根K線基本上都伴隨著反方向的跳空，因此容易形成階段性的轉折訊號。

案　例　解　析

　　如下頁圖表1-28所示，本鋼板材（000761）的階段性高點在漲停板出現後，沒有持續順勢上漲，而是走出一根跳空開低走低的陰線。雖然股價創新高，但是這個新高點的價值大打折扣。

　　從這個上漲波段的趨勢中，不難看出標準的5浪上漲結構，漲停板出現在衝頂的5浪上，因此次日一旦沒有按照常規向上跳空，就必須關注風險。

圖表 1-28　　　本鋼板材 2017/10/16 至 2018/4/17 的日 K 線走勢圖

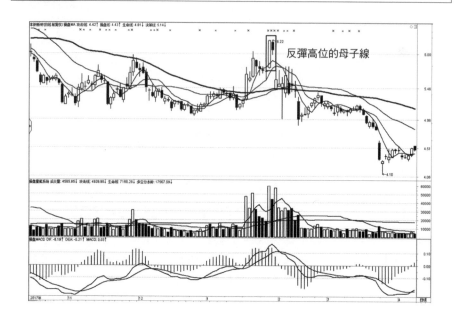

6. 蝴蝶結

　　見圖表1-29，蝴蝶結是由2根十字星構成的形態，期間伴隨著向上跳空或向下跳空，與單根十字星形態的要求類似。

圖表 1-29　　　蝴蝶結示意圖

如果放大量可能形成變盤，所以蝴蝶結的量能越萎縮越好，只有萎縮才能視為趨勢的喘息形態，後面會沿著原來的趨勢方向持續進行。

案 例 解 析

　　如圖表1-30所示，烽火通信（600498）的十字星出現在均線依然大多頭的情況下，屬於多方明顯在喘息的階段，股價一旦突破蝴蝶結形態的高點，便進入加速上漲的階段，也就是主升段。

　　無論投資者的交易策略為何，能夠帶來獲利的一定是主升段，只是利潤空間會根據主升段行情的級別而不同。

圖表 1-30　烽火通信 2017/6/14 至 2017/12/12 的日 K 線走勢圖

圖表 1-31 ▶ 成都路橋 2017/3/30 至 2017/10/17 的日 K 線走勢圖

　　見圖表1-31，相較於烽火通信，成都路橋（002628）的蝴蝶結出現在反彈行情的位置，也就是60均線還未被有效修復，股價從60均線以下往上漲，在首次遇到60均線時有明顯的賣壓，但是股價沒有選擇快速轉身向下，而是貼著60均線運行2根十字星。

　　如果要參與蝴蝶結形態，股價一定不能跌破攻擊線，而且呈現多頭形態的均線根數越多越好。

7. 跳空二陰

圖表 1-32	跳空二陰示意圖

見圖表1-32，跳空二陰是指連續2根跳空陰線，是明顯的空方訊號，但實戰時一定要與洗盤區別開來，因為它們產生的結果截然不同，一個是股價會持續下跌，讓前期的上升趨勢出現明顯反轉，另一個是洗盤完畢，股價會更好地上漲。

分辨洗盤與出貨的依據，不只是當下的均線位置，而是股價在運行過程中的多空博弈，以及錢多者與錢少者的博弈。

案 例 解 析

見下頁圖表1-33，從TCL集團（000100）的走勢中可以看出，與蝴蝶結不同的是，跳空二陰線的實體越來越大，甚至有跌破攻擊線的跡象，尤其在之前的陽線上出現長上影線，打造上升趨勢即將轉向的跡象。

如果在這個位置密切關注成交量的走勢，不難發現股價正處於縮量下跌中，不具備大量出貨的可能。此時一旦遇到支撐，就是開始建立部位或增加部位的訊號，一旦在小週期上創新高，就是明顯的加碼訊號。

圖表 1-33　TCL 集團 2017/4/13 至 2017/12/8 的日 K 線走勢圖

跳空二陰

8. 一陰掃二陽

見圖表1-34，一陰掃二陽是由連續2根小陽線或中陽線，以及後面1根吞沒形態的大陰線構成。

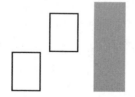

圖表 1-34　一陰掃二陽示意圖

按照趨勢的慣性邏輯，出現連續的陽線之後，股價會繼續上漲。不過，一旦出現實體比前期陽線更強的陰線後，表示股市風向開始轉變。

案 例 解 析

　　見圖表1-35，從世名科技（300522）前期的上升趨勢中，不難發現股價處於緩慢上升趨勢，而且以小陽線的方式上漲，雖然扭轉所有均線系統，但是沒有展現出較強且具有攻擊性的上升趨勢。

　　我經常提到的慢漲快跌，就是這種形態，在股市多方動能不強的情況下，一旦遭受空方打壓，就會導致股價斷崖式下跌。

圖表 1-35　世名科技 2017/1/10 至 2017/7/12 的日 K 線走勢圖

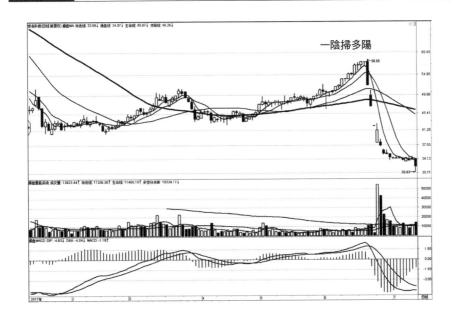

1-3
想在震盪與主升行情都抓準 買賣點，你得把握關鍵 K 線

前面詳細介紹單根K線與雙根K線的各種形態，接下來本節將分析震盪行情與主升行情的實戰案例，讓讀者可以將所學知識活用在實際操盤中。

震盪行情：上升趨勢中的調整形態

圖表1-36是用友網路（600588）半年內寬幅震盪的走勢，從股價重心的變化來看，股價最終選擇向上的機率更大，所以這只是股價在大級別上升趨勢運行中的調整形態。

圖中的6根關鍵K線非常具有代表性和意義，因為它們最容易出現在階段性高點和低點，但是有一個值得思考的問題：到底是關鍵K線決定高低點，還是高低點決定關鍵K線？

第 1 根關鍵 K 線

這根K線是十字星，出現在前期大陽線之後。按照一般理論分析，大陽線之後應該繼續上漲，因為大陽線代表多方能量充足，但是該十字星向下跳空，表示之前大陽線的做多動能值得懷疑，大陽線當天的盤面甚至有明顯的誘多行為，所以此時為後期的變盤埋下伏筆。

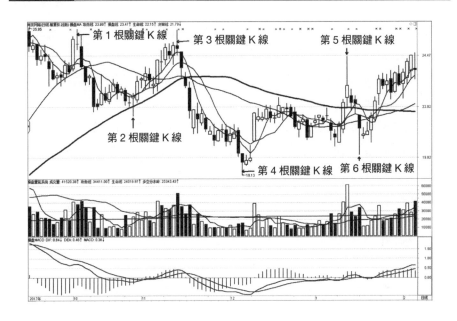

圖表 1-36　　用友網路 2017/9/15 至 2018/2/6 的日 K 線走勢圖

第2天股價沒有繼續上漲，代表前一天的十字星不是多方動能喘息的訊號，而是衰竭的訊號。

第 2 根關鍵 K 線

　　這根 K 線出現在60均線的位置，此時是股價第1次回測60均線。在大多頭的行情中，首次回測60均線的支撐會比較強，而此時一旦出現關鍵 K 線，就更值得關注，階段性的反彈行情非常值得期待。

　　該 K 線的形態出現長下影線，表示多方資金在這個位置有積極的買盤承接意願。

第 3 根關鍵 K 線

這根 K 線出現在股價遇到60均線止跌反彈後的高點，此時前方套牢盤被首次解套，因此一定會面臨較強的賣壓。股價在這個位置直接強勢上漲的機率不大，所以變成遇阻回落留下上影線。

第 4 根關鍵 K 線

這根 K 線出現在標準的下跌5浪結構末期，以長下影線的方式完成股價的最後一跌，之後便反轉向上。結構是分析位置時必須思考的問題，它和 K 線形態的關係，就像一個人和決定此人的基因一樣，K 線形態就是位置形態的基因。

第 5 根關鍵 K 線

這根 K 線是典型的長上影線。當一檔股票在短時間內反覆出現關鍵 K 線形態，而且相似性非常高時，表示該股價本身正在締造某種規律。

第 6 根關鍵 K 線

這根 K 線是典型的長下影線，和之前的長上影線明顯對稱，這種形態容易識別，而且對交易有實質的指導意義。它們的出現代表市場分歧，投資者要關注這種分歧的背後，也就是主力資金意圖，因為只有強勢資金才能在股市中留下這樣的痕跡。

主升行情：一致性看多很明顯

圖表1-37同樣是用友網路的走勢圖，只是對應的時段不同。前文介紹橫盤震盪趨勢，這裡則是明顯的主升趨勢。從 K 線的特徵可以直

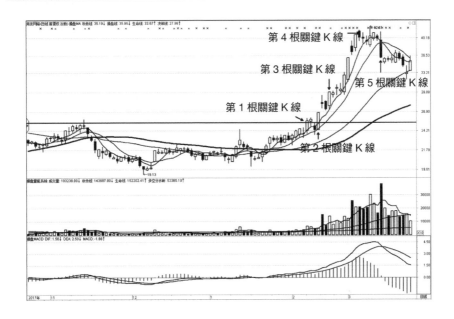

| 圖表 1-37 | 用友網路 2017/10/24 至 2018/3/26 的日 K 線走勢圖 |

接看出，主升行情的運行不像震盪行情期間，有許多長上影線和長下影線，這表示隨著趨勢的確認，股市中看多的一致性越來越明顯，因此沒有必要高賣低買，應該以持股為主。

第 1 根關鍵 K 線

這根K線是指突破前期高點的中陽線，雖然它的突破不是以大陽線的方式完成，但是依然值得關注，一方面是當時股市環境以科技股為主，另一方面是股價重心從前期的19.13低點開始不斷上移，而且成交量有明顯緩慢變大的跡象，加上所有均線系統都被修復，所以此時的突破為股價後期走出趨勢性行情，做好充分準備。

第 2 根關鍵 K 線

這根K線完美地修復第1根關鍵K線。前面提到，突破時沒有出現大陽線難免會有點遺憾，隨後2根弱勢K線的回檔沒有改變均線系統上升的趨勢。前期因為突破而形成的中陽線作為關鍵K線，其開盤價和收盤價對股價後期的走勢，發揮重要的支撐和壓力作用。因此，當股價回測2天且沒有跌破操盤線時，向上跳空的漲停大陽線就是主升趨勢真正開始的點位。

第 3 根關鍵 K 線

這根K線是出現在2根調整性K線後的漲停大陽線。在第2根關鍵K線後，出現了漲停大陽線上方的紡錘線，以及一根小陰線。最重要的是，第2天出現小陰線時，伴隨著明顯縮量，雖然股價整體的振幅與前一天的紡錘線沒有太大變化，但是代表市場分歧在減弱，又是在上升趨勢中，所以投資者對多頭趨勢的預期不斷加強。

第 4 根關鍵 K 線

這根K線出現在階段上漲高點。前期股價出現漲停大陽線之後，都會出現開高走低的陰線。與之前不同的是，第4根關鍵K線是實實在在的陰線，雖然也有跳空開高，但K線的本質已發生根本變化。

如果你對股市變化比較敏感，此時要開始提高警覺，不論能否判斷股價見頂，在當下這個位置降低部位都是正確的。

第 5 根關鍵 K 線

這根K線是開低走低的大陰線，雖然盤中曾有向上反擊的動作，但是沒有創新高，因此該上影線只是上漲末期的誘多行為。如果深度分析第4根關鍵K線與第5根關鍵K線之間的弱勢K線，不難發現股價

在小週期的走勢中建構一個小級別的頭部，而第5根關鍵K線則是對該小級別頭部向下的破位。

主升行情：識別行情級別，找出防守標準

圖表1-38是士蘭微（600460）在2017年浩蕩的晶片行情中走出的強勢上漲波段。單從形態來看，後期的上漲動能不算強勢，而且有分歧較大、即將見頂的跡象。實戰時要充分識別行情級別，因為只有在這個基礎上，才能找出防守標準，有效保證風控和停利。

圖表 1-38　士蘭微 2017/3/2 至 2017/12/26 的日 K 線走勢圖

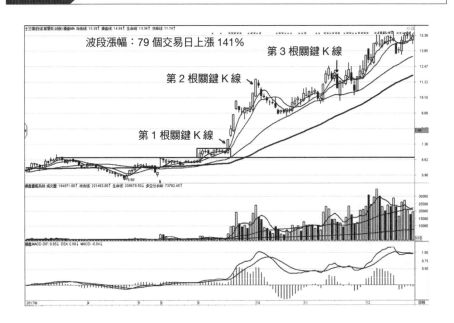

第 1 根關鍵 K 線

前文分析用友網路時，提到突破階段性高點時構成的關鍵大陽線，對形成趨勢具有重要功用，代表多方強烈做多意願。在該 K 線出現之前，股價已修復完均線系統，也就是在多頭狀態下，股價走出持續創高的形態，而且是趨勢形成初期的第 1 個漲停板，具有研究價值。

第 2 根關鍵 K 線

在士蘭微的主升行情中，出現數根強勢漲停板，這是很多投資者可望不可及的，因為很難做到在漲停板之前買進。第 2 根關鍵 K 線是出貨的大陽線，投資者在買進時要堅決回避，否則至少會有一波20%的回檔。

第 3 根關鍵 K 線

這根 K 線出現在階段性 5 浪的位置，只是士蘭微在最後的上漲 5 浪中走出延長浪，只能確定這是強勢資金階段性出貨的位置，任何一個高點都是減少部位的訊號。該大陰線是吞沒前期幾根陽線的形態，在階段性高點代表分歧，說明此時股市會有較大的賣盤，不排除股價會持續創新高，但風險也加大。

投 資 箴 言

K 線形態是投資交易的基礎，也是識別股價結構和位置的前提條件。K 線是主力做出來的，只有通曉人性，才能準確找到合適的買賣點。

本章小結

第1-1節：K線是技術分析的靈魂，每根K線形態的變化都決定股價的位置和趨勢。只有深度認識K線，才算是真正懂得投資。

第1-2節、第1-3節：在眾多K線形態當中，具有特定含義的K線才值得投資者深入研究。本節介紹的K線形態是認識主力資金、懂得博弈的基礎，也是投資者開啟投資之門的鑰匙。

思考題

1. 單根K線有哪些形態？出現的位置和代表的意義是什麼？
2. K線組合有哪些形態？出現的位置和代表的意義是什麼？

NOTE

只有當退潮時，你才知道誰是裸泳的。

——股神 華倫・巴菲特

NOTE

只有當退潮時，你才知道誰是裸泳的。

——股神 華倫·巴菲特

第 2 章

剖析飆股 K 線，
快速判斷多空動能的變化

2-1

多頭 K 線分為標準與非標準，如何找到真正的紅三兵？

宣告強勢資金進場的旗幟

多頭K線是指連續3根陽線，代表股價能夠持續展現多方動能，也稱為紅三兵。這是耳熟能詳的K線組合形態，在眾多交易體系中都有闡述，其重要性不言而喻。

在江氏操盤系統中，一根線為點，兩根線成線，三根線為面。紅三兵的形成，會為盤面帶來重要的變化，在階段性建立部位區域，就像一面宣告強勢資金進場的旗幟，給盤面的性質帶來決定性改變。

分析任何形態都離不開位置，因為即使在不同位置出現相同形態，也會有截然不同的含義，就像在山腳下只能向上攀登，在山頂上只能選擇下山，在半山腰卻可上可下，最終決定方向的因素有很多。

主力思維是江氏操盤系統的靈魂，最簡單的邏輯是：強勢資金一定是在低點或相對低點建立部位、在高點或相對高點出貨，因此確認有強勢資金建立部位後，一定會有拉升的動作。江氏操盤系統便是專注於尋找是否有強勢資金進場。

1. 標準多頭 K 線

連續3根陽線的實體以中陽線為主，上下影線越小越好，最好不超過實體的幅度，整體的成交量要有明顯的放大跡象，最好構成量堆形態，而且陽線實體不能越來越小，盤面最好有強勢的攻擊波，以展現背後強大的資金實力。

如果處在階段性底部，是場外資金逐漸進場的訊號，表示資金做多的意願較強，但還只是在建立部位區域，沒有達到控盤狀態，需要在反覆震盪築底的過程中繼續吸收，以實現高度控盤。

如果是在上升趨勢中，通常是穩健且資金實力雄厚的主力所為，股價上漲的節奏張弛有度，走出中長期大黑馬的機率很大。

如果處在階段性高點，尤其是在漲幅達到50%以上的上升波段末期時，小週期走出清晰的5浪結構後，一旦紅三兵的分時盤面有明顯的出貨波形，就是主力資金階段性出貨的訊號，股價即將迎來調整。

2. 非標準多頭 K 線

我們在實戰分析中，經常會遇到連續3根陽線的走勢，但是大部分不會構成紅三兵形態，這只是股價在正常運行中走出的自然形態，也就是說，不是所有的三連陽都是紅三兵。

實戰時，區分三連陽是否為紅三兵最簡單的標準，就是陽線的實體和對應的成交量是否依序放大。如果沒有達到這個標準，一定不是紅三兵。分析K線形態一定要站在主力資金的角度，否則無法在千變萬化的形態中找出規律。

此外，另一個重要因素是位置，投資者一定要找到自己要走的大方向，否則必定會迷路。如果找錯位置，便很難得到滿意的結果。

股市中最簡單的道理是低買高賣，重要資金參與者一定會按照這

個模式，散戶卻很難做到，其原因一方面是沒有識別高點或低點的能力，另一方面是存在僥倖與貪婪，導致盲目交易。

雖然我在標準紅三兵中分別闡述3種位置，但要明確具有選股價值的是階段性低點建立部位的紅三兵，而具有交易價值的是形成上升趨勢後，在初期出現的紅三兵，在階段性高點和下降趨勢中反而沒有指導實戰的價值，因此可視為非標準紅三兵。

案 例 解 析

見圖表2-1，冠福股份（002102）在經過中長期下跌後，有止跌的跡象。在3.81的低點形成時，出現一根下影線，此後股價進入為期2週的弱勢橫盤狀態，在此期間短期均線系統得以扭轉，最初的60均線下跌角度開始變得平緩。

在圖中的左側框內有5根陽K線，前3根構成標準的紅三兵，之後股價上漲的動能繼續加強。從量能角度來看，投入的資金越來越高、人氣越來越足，直到第5根陽線留下上影線之後，股價出現明顯的滯漲跡象，隨後走出調整形態。但在階段性低點算是主力資金異動的訊號。

在之後2個月的橫盤整理中，股價的低點不斷抬高，有清晰的止跌與築底跡象。在這個過程中，成交量不斷萎縮，股市的參與程度減弱，但是每當陽線出現時，還是有明顯的放量跡象。在後一次出現紅三兵走勢時，成交量的形態有明顯的小量堆形態，表示人氣回暖，有資金不斷增加的跡象。

在該築底階段，是不斷修復決策線的過程，決策線從大角度向下到逐漸走平。在這個過程中，股價每次小幅上漲都會帶動決策線轉頭向上。切記，這只是選股訊號，它告訴我們空頭有可能轉為多頭趨勢，但當下還不具備扭轉和形成上升趨勢的訊號。

圖表 2-1	冠福股份 2017/6/29 至 2017/11/20 的日 K 線走勢圖

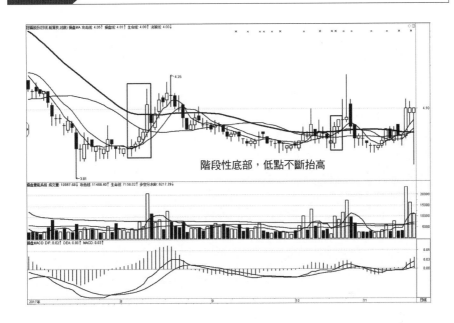

這個過程就像在股市出現明顯的空頭訊號時，要勸服一個堅定看多的人開始減少部位。我曾經遇到一位個案，他對股價未來走勢充滿幻想，所以我讓他意識到股價不會永遠上漲，賣出和買進一樣重要。此時他了解持股滿位面臨的潛在風險，原本堅定看多的意願開始動搖，但仍然抱有幻想，不願意減少部位。

後來，我告訴他，我曾經運用判斷一級頭部時的依據，成功判斷2007年到2018年數十次的大小頭部。他聽完這番話之後，終於從動搖轉變為空頭（見下頁圖表2-2），開始減少部位。

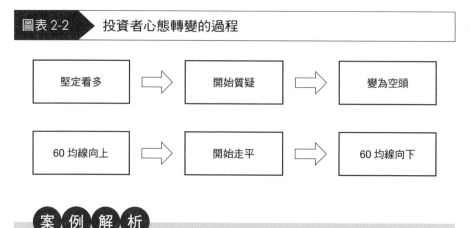

圖表 2-2　投資者心態轉變的過程

堅定看多　⇨　開始質疑　⇨　變為空頭

60 均線向上　⇨　開始走平　⇨　60 均線向下

案 例 解 析

　　見圖表2-3，華凌鋼鐵（000932）在階段性築底階段，前期充分下跌後，有明顯的止跌跡象，沒有明顯的資金進場。切記，下跌過程中沒有放量的陽線都是誘多，表示沒有強勢的承接盤買進。

　　下降趨勢一旦形成，股價的下跌就像在高空中拋起物品一樣，沒有遇到支撐物就不會停止下跌，而且如果支撐物太小，不會發揮很大的作用，因為強大的下跌動能會直接打穿它，唯有強而有力的支撐，才能阻擋股價下跌，而對股價來說，在下降趨勢中能夠形成有效的支撐，便是場外資金不斷買進。

　　出現第1個訊號時，是下降趨勢還未有效扭轉，中長期均線還在較大的背離中，最主要是紅三兵沒有明顯的放量跡象。換句話說，投資者等待下降趨勢中的止跌訊號並不明顯。「下跌趨勢不言底」是我的操作名言，因此第1個訊號的位置不會出現任何交易訊號。

　　自然交易形成的反轉行情結束後，股價再次創新低，當然也不排除有搶籌動作後再次向下打壓，所以股價再次創新低。隨後進入階段性築底階段，整個底部的建構過程從15分鐘底部、30分鐘底部到60分鐘底部，雖然整個過程沒有明顯的放量跡象，但是在連續出現紅三兵訊號的過程中，成交量有依序放大的跡象。

第2個、第3個及第4個訊號都在底部的橫盤階段，沒有形成趨勢性行情，但是帶動決策線從大角度向下到逐漸走平。在這個過程中，強勢資金逐漸進場，有明顯的試盤和洗盤訊號，而多重底部形態的建構，為後期走出多頭行情做出很好的準備。

在出現第5個紅三兵訊號前，已經扭轉決策線，K線明顯站穩決策線，此時主力控盤節奏掌握得非常穩健。第5個紅三兵訊號和前面的紅三兵訊號開始呈現明顯的差異，成交量明顯變大，而且股價的走勢已經帶動各週期均線走出多頭趨勢。

階段性低點持續出現紅三兵建立部位形態，替投資者的選股提供強大的依據，但是知道第5個紅三兵訊號出現時，才是真正的交易訊號。在整個江氏操盤系統中，明確區分選股訊號和交易訊號，才能保證整個實戰過程更加理性和流程化。

圖表 2-3　華凌鋼鐵 2015/6 至 2016/1 的日 K 線走勢圖

案例解析

　　在股價持續下降的趨勢中，一定會有反彈或反轉，很多投資者積極參與這些具有誘惑性的短暫上升行情，但是很快又再次被套牢。趨勢有慣性，一旦進入下降趨勢便很難扭轉，因此出現階段性誘多行情不僅考驗投資者的心態，還考驗技術水準。

　　見圖表2-4，農產品（000061）出現第1個紅三兵訊號時，成交量沒有明顯放大，最重要的是中長期趨勢還在向下，因此只能暫時關注股價後期的走勢是否會扭轉趨勢。

　　在股價遇到生命線的壓制後回測，但是沒有跌破之前的低點，在第2個低點形成時，再次出現紅三兵的形態，雖然K線的實體依然不強，但是有階段性資金進場的訊號。不過，因為趨勢沒有扭轉，所以最多是短線主力資金參與，不會是控盤資金。

　　只要有造勢的資金進場，一定要解決兌現的問題，股價必然會出現拉高後出貨的走勢，而且拉高的動作會在短時間內出現。

　　股價在決策線附近向上衝高一次，留下長上影線，說明當天盤中賣盤的力量較重，投資者要規避一些在重要位置出現的上影線，因為即使不是階段性頭部也會面臨階段性調整。

　　此後，股價再次展開一輪強勢下跌，止跌後股價出現連續多根陽線，這時候能夠看出其開始出現堆量，因此它們的含義遠遠超過紅三兵。

　　但是第3個紅三兵訊號也出現在下降趨勢中，沒有展現扭轉趨勢的能量，也不構成首要的選股條件。如果你沒有深入理解紅三兵形態，很容易被假訊號迷惑，做出錯誤的決策。只有從趨勢、位置和主力資金布局的角度來看，才能徹底理解紅三兵，並且將其有效運用到實戰中。

圖表 2-4	農產品 2017/8 至 2018/3 的日 K 線走勢圖

　　相較於前面幾個案例，下頁圖表2-5正虹科技（000702）走勢中的紅三兵，出現在階段性高點，屬於明顯的主力資金出貨訊號。在該上升波段的運行中，都以陽線為主，也有明顯的短線強勢資金參與建立部位、拉升及出貨的跡象。

　　但是需要明確，這個上升波段的構成只是小級別的上升趨勢，其核心驅動力是短線資金。

　　如果你曾經深入分析支撐和壓力，就不難發現，前期有較重的套牢盤形成的賣壓，而且距離現在的時間較短，必然需要長時間的橫盤整理才能消化。

　　請牢記，「首次到前高點必有回檔」這個現象發生的機率，會達到90%以上。因此，對於追求更大的波段獲利的投資者來說，此時暫時出場觀望是明智的。

圖表 2-5　正虹科技 2016/12 至 2017/6 的日 K 線走勢圖

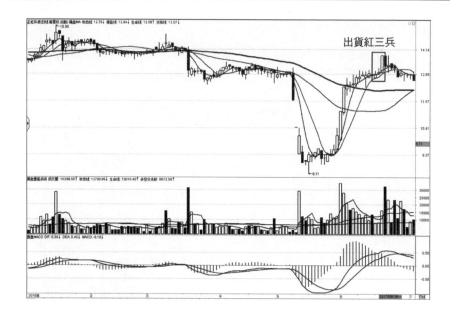

投　資　箴　言

　　趨勢的形成在於股市的一致性，而一致性最簡單的展現就是K
線的陰與陽，連續的陽線代表在蓄積的多方能量，連續的陰線代表
在蓄積的空方能量。

2-2

空頭 K 線是雙刃劍，怎樣做才不會虧錢，還能賺大錢？

在上升趨勢洗盤的黑三鴉

空頭K線是指連續3根陰線，代表股價可以持續展現空方動能，也稱為黑三鴉。分析連續單根陰線的重點，依然在於股價當前的位置，而在階段性高點或是上升初期出現的空頭K線，則具有截然不同的含義。

我們更關注在上升趨勢中洗盤的黑三鴉，而不是出貨或持續下跌的黑三鴉，這依然要求投資者在分析盤面變化時，站在主力資金博弈的角度。我特別強調，洗盤的末期一定要縮量，因為只有縮量才能達到洗盤目的。

見下頁圖表2-6，泰豪科技（600590）在前期的下降趨勢中，反覆出現宛如黑三鴉的連續3根陰線，但是在下降趨勢被扭轉之前，該形態只是空方能量的釋放，不斷加劇股價被向下打壓的程度，所以2次出現在下降趨勢中的黑三鴉對交易幫助不大。

圖中標注的黑三鴉發生在60均線附近，這是反彈末期多空雙方分歧較重的位置。出現黑三鴉後，不出現確認性陽線便無法確認股價會繼續上漲。

圖表 2-6　泰豪科技 2017/8/21 至 2018/3/26 的日 K 線走勢圖

　　從圖表2-7貴研鉑業（600459）的走勢中不難看出，黑三鴉出現後，股價開始止跌，雖然沒有強勢站穩60均線之上，但是股價暫時沒有再次深度下跌的跡象。儘管黑三鴉之後出現的不是強勢大陽線，不過股價漲跌的節奏在這個位置進入均衡狀態，繼續選擇方向。

　　實戰時，投資者經常遇到這樣的問題：假陰線可以作為黑三鴉的構成要素嗎？答案是可以的，而且不難發現，有時股價連續下跌的天數不只3個交易日，還會延長到4個交易日甚至5個交易日。

　　其實原理都一樣，只要在有場外資金關注的階段性底部，股價向上突破後，走出連續縮量下跌的小陰線，就值得關注。

圖表 2-7	貴研鉑業 2016/1/26 至 2016/7/18 的日 K 線走勢圖

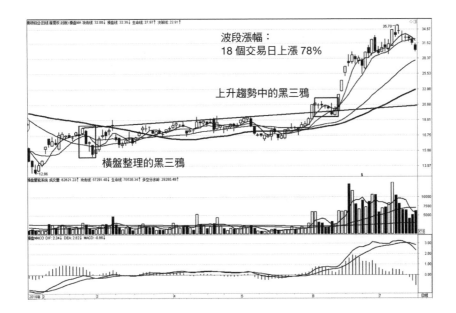

波段漲幅：
18 個交易日上漲 78%

上升趨勢中的黑三鴉

橫盤整理的黑三鴉

投　資　箴　言

　　黑三鴉是一把雙刃劍，如果你對行情演變得心應手，黑三鴉會讓你大顯身手，但假如你對趨勢運行並不熟悉，黑三鴉很可能讓你虧大錢。

2-3 追漲停板的高勝率訣竅：熟悉 K 線走勢圖的交易邏輯

 試著改變你的視角

在江氏交易天機系列叢書當中，《漲停聚金》專門講解漲停板，不過本節仍需要向大家介紹漲停板，因為所站的角度完全不同。

生活中，每個人都扮演著許多角色，例如：在身為父親的同時，還是兒子、丈夫、主管、員工、志願者等等。當我們需要扮演不同角色時，必須調整自己的特徵，以便成為這個角色。

在股市中，你可以是貢獻交易結果的交易者，可以是引導別人交易的股評家，甚至是引導股市交易的股價引導者。不過，能成為最後一種參與者的機率不大，由於能扮演這個角色的人不多，導致股市中真正獲利的人不多。

其實，扮演好一個角色不難，困難的是在不同角色之間適當地切換。散戶有散戶的特徵，你數年的投資經驗已經把散戶的特性練得爐火純青，但是想站在主力思維的高度看待股價走勢，真的有點難。本書希望能夠幫助大家，成功地從散戶角度轉向主力。

那麼，究竟該如何追漲停？一方面要有固定的操作模型，例如：形態要素、位置要求、指標的黃金交叉與死亡交叉等，更重要的是，存在K線走勢圖背後的交易邏輯和思維方式。這些要素就像憲法指導

圖表 2-8	短線追漲停的 8 大祕訣

強者恆強	次日出場	速戰速決
拒絕逆勢	**8 大祕訣**	善借東風
樹大招風	雙足鼎力	物極必反

所有具體的法律一樣，沒有這些要素來約束和指引漲停板，會讓操作漲停板的成功率大打折扣。

追漲停的祕訣

　　我在《漲停聚金》中有分享做短線追漲停要掌握的8大祕訣（見圖表2-8），它們是交易的一系列規則，能夠促進交易更有效地執行。大家要明確這個祕訣只在追漲停的時候適用，如果利用某個週期的主升段來抓漲停，其依據的要素則會天差地別。不過，以下漲停板的3個特性非常值得關注：

　　1. 強者恆強：有漲停K線出現的股票一定是較強勢的股票，代表背後有強勢資金在推動，同一個位置出現的漲停板次數越多，代表資金的實力越強，因此要操作強勢股必然要關注並操作漲停板。
　　2. 善借東風：無論是追漲停還是漲停之後的回測，最好都要有

大盤的東風吹來，才能確保成功率，因為漲停板經常依靠人氣，當人氣不足時，失敗的機率會增加。借助大盤不是要求大盤一直是牛市，在震盪市中的反彈和熊市中的短時間反轉，都可以借助大盤的力量。

3. 拒絕逆勢：還在下跌趨勢中的股票上漲能量太弱，難以成為股市的短線熱點，即使有行情也很難持續，因此在這個位置出現的漲停板很多都不會太流暢，不是漲停後被不斷打開，就是出現主動賣出的金額明顯多於主動買進的金額，明顯有資金在出逃，投資者一定要遠離這樣的漲停板。

漲停板的內部構成

漲停板的內部構成決定多方市場強弱的真偽。雖然大部分漲停板都在強勢資金的推動下實現，僅有少數是由股市人氣推起來，但不是所有漲停板強勢資金都是為了拉升，有的只是誘多、試盤，甚至是為了出貨。如果你想知道所有漲停板的真實情況，就需要分析漲停板的內部構成。以下介紹漲停板的4個形態。

（1）T字板

T字板既包括一字板又包括其中被打開過的T字板，是指開盤價和收盤價都在漲停價格的一種漲停板。

雖然很多書籍會分開介紹這2種形態，但它們其實只是在強弱上有差別，如果從股市推動股價上漲的角度來看，兩者沒有太大的差異。這通常要伴隨利多消息才會出現，因為利多消息會導致股價以強勢跳空的方式開盤，因為跟風的資金較重，所以會大幅降低主力的所耗資金。

一字板的漲停板盤是決定會不會出現T字板的核心，被打開表示盤中曾出現較重的賣盤，其原因是有強勢資金在階段性出貨，但主動

賣出一小段時間後，股價又被拉升起來。

此時你開始好奇，前期賣和後期買的參與者是同一方嗎？如果之前的賣出是為了出貨，後期的再次拉回則是為了什麼？股市中每天都會有各式各樣的變化，這些現象為股市增添無限的活力和機會。當你開始對這些變化感興趣時，就會花更多時間和精力在股市中。

　　除了拉高建立部位之外，所有主力資金建立部位都較隱蔽，都是以不讓股市發覺的方式來實現。見下頁圖表2-9，華鋒股份（002806）前期出現超跌走勢後，股價開始緩慢上揚，弱勢K線沒有多方市場已經開啟的前兆，但是從分時盤面中已經有資金異動的跡象。

　　尤其是在第1次回測後，股價出現久違的大陽線，在潛移默化中修復完均線系統。主力資金喜歡厚積薄發，前期臥薪嘗膽，一旦到了應該引爆行情時，就會把前期付出的成本和煎熬全部拿回來。

　　啟動漲停板宣布股價進入主升階段，這是投資者最應關注的點。股市中，妖股的形成不僅單靠一方面的要素，還要同時具備天時、地利、人和，所以這種具備強勢上漲基因的標的，要在盤中和盤後花費足夠的時間觀察。

　　圖中前2個T字板屬於健康的一字板，盤中沒有分歧，是最理想的，因此如果有部位，只需要堅定持有即可。但是經過一根小陽線漲停板之後，開始出現T字板，說明股市中開始出現分歧。

　　第83頁圖表2-10的上圖對應K線圖上的第3個T字板，但是從分時圖上沒有看到盤中股價曾經被打壓，只能看到有較大的成交量放出。這是非常隱密的出貨方式，主力資金在散戶不知不覺中開始兌現籌碼。切記，主力資金都在上漲過程中完成出貨，因此發現主力資金出貨的跡象，不是意味著股價要見頂，但是必須開始提高警覺。

圖表 2-9　華鋒股份 2018/1/10 至 2018/5/10 的日 K 線走勢圖

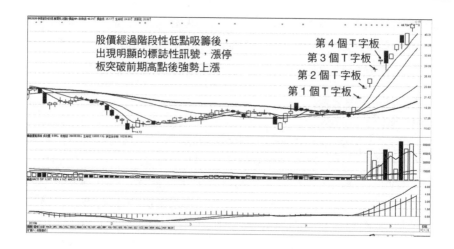

　　圖表2-10的下圖對應K線圖上的第4個T字板，它不是最標準的T字板，早盤大幅跳空開低後有向下打壓的動作，也就是說，有資金刻意向下誘空後再次拉升到漲停，且之後漲停板沒有被打開。如果前一個T字板是主力資金開始出逃，但是後一個T字板卻提供全新的資訊：股價依然處於強勢上漲過程中。

　　見第84頁圖表2-11，必創科技（300667）也是2018年上半年股市中少見的龍頭股之一。對散戶來說，在不同環境下要選擇不同交易模型來操作，因為主力資金會比我們更早選擇不同的操作模式，只有跟隨股市風向及時調整，才是真正的順勢而為。因此，當主力資金偏向充分下跌的標的時，是否有充分下跌的結構，是判斷主力資金有效建立部位的第一條件。

　　必創科技在日線上經過標準的ABC下跌後，股價有明顯的止跌跡象，同時伴隨股價的上漲有明顯的放量跡象，場外資金參與的痕跡很明顯。投資者平時選股時，要格外注意這個形態。

圖表 2-10 ▶ 華鋒股份 2018/4/23 至 2018/4/24 的分時走勢圖

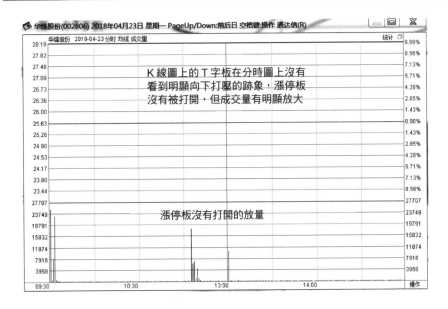

| 圖表 2-11 | 必創科技 2017/9/20 至 2018/5/20 的日 K 線走勢圖 |

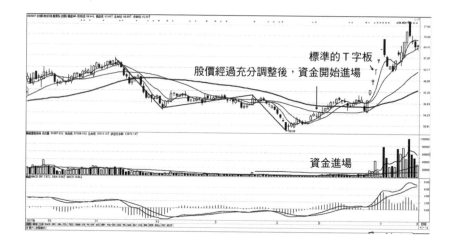

　　和華鋒股份不同的是，必創科技的第1個上漲波段就站上60均線，之後股價縮量回測60均線，然後以漲停板的方式啟動主升段。

　　必創科技在整個主升行情中，除了最後一個漲停板是一字板，其他都是有實體的漲停板，表示啟動前期市場的賣盤較重，主力資金在不斷投資拉升，才形成強勢的漲停板。

　　圖表2-12的上圖是K線圖中標準T字板的前一天走勢，這是非常強勢的T字板，代表多方強勢的做多動能。下圖對應的是T字板當天的走勢，從分時走勢圖中可以看出，多空分歧較大，但唯一的好現象是漲停板被第2次打開後，沒有較大的成交量放出，代表股市的賣盤不重，後期股價再次被拉回漲停且一直封住，說明依然存在強勢的多方動能。

圖表 2-12　必創科技 2018/3/28 和 2018/3/29 的漲停板分時走勢圖

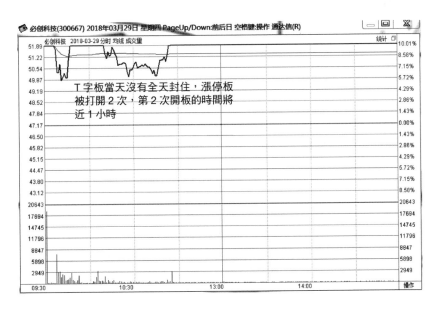

（2）小陽線漲停

小陽線漲停是一種早盤大幅開高後漲停的形態，要求早盤開高的幅度超過7%，當天漲停的時間不限，漲停的波形最好以極強勢或強勢多方量能為主，如果主力資金足夠強勢、做多的決心又強，一般會選擇較早的時間漲停。

（3）中陽線漲停

中陽線漲停是一種早盤跳空開高的形態，幅度在3%～7%，當天漲停的時間不限，漲停的波形最好以極強勢或強勢多方量能為主，如果主力資金足夠強勢、做多的決心又強，一般會選擇較早的時間漲停。這個K線形態當天股價到漲停的波幅，比小陽線漲停更大，需要主力投入的資金也更多。

（4）大陽線漲停

大陽線漲停是一種早盤小幅跳空開高或開平，甚至跳空開低後向上強勢拉升到漲停板的形態，當天漲停的時間不限，漲停的波形最好以極強勢或強勢多方量能為主，如果主力資金足夠強勢、做多的決心又強，一般會選擇較早的時間漲停。這個K線形態要求投入的資金量更大，主力在拉升中不斷吸籌，因此後期的新高值得期待。如果大陽線漲停的分時構成，是以長波或尾盤偷襲方式漲停，則要謹慎操作。

2-4

從第 3 個漲停板要謹慎追高，
因為多空分歧會加劇

 **強勢反彈行情中的漲停板**

　　見圖表2-13，在宣亞國際（300612）2個波段的強勢反彈行情中，都曾經出現漲停板，由於股價位置和操作資金的特殊性，決定這2個上漲波段的特殊性。這種特殊性不是指它們上漲的方式和其他股

圖表 2-13　宣亞國際 2017/3/13 至 2018/4/25 的日 K 線走勢圖

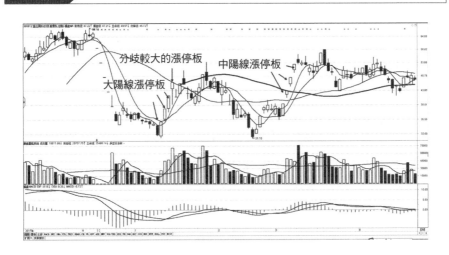

票不同，而是指投資者更值得深入分析和解讀上漲波段的動因。

第1個上漲波段發生在超跌之後，K線形態出現漲停陽包陰後連續走出3個漲停板，這4個漲停板具有雙重意義，一方面是前期超跌後自救，另一方面是強勢資金在新的低點再次吸籌買進，然後在強勢反彈的拉高過程中出貨。

第2個上漲波段出現在雙底後，雖然這個底部的震盪很大，單純從形態來看不具備操作價值。總之，如果你對主力資金的異動較熟悉，當下位置即使是上漲，也不會產生大機會。無論是第2波還是第1波，都沒有出現一字板，代表主力手中的籌碼不足，需要調動股市人氣才能推動漲停板，因此在K線形態上會出現不同實體的漲停板。

圖表2-14的上圖是圖表2-13的K線走勢中，第1個上漲波段低點出現放量陽包陰漲停板的分時走勢圖。該圖股價的上漲不流暢，有明顯拉拉停停的跡象，也就是資金推動後股價會出現自然回落。單從分時圖來看，當天的漲停板不吸引人，但是一定要結合位置進行綜合分析，超跌後的低點出現漲停板，是最容易出現妖股的位置，因此後期走勢值得關注。

從圖表2-14的下圖可以看到，第2個漲停板向上拉升的動能明顯比前一天強。首先，在漲停板的時間上可以發現，漲停的時間開始提前。股價在這個位置出現反彈的機率很大，不一定是連續漲停板，但是極可能有一個30%的波段，所以投資者一旦發現這種形態，就要特別關注。

超跌的股票在第1個和第2個漲停板可以考慮追漲停，因為還沒達到主力資金的獲利預期，所以風險較小。投資者一定要注意超跌後啟動的行情，從第3個漲停板就要謹慎追高，因為會受到行情級別的限制，上漲空間有限，開始資金出逃的機率加大，場內多空的分歧程度會加劇。

圖表 2-14 ▶ 宣亞國際 2018/1/11 和 2018/1/12 的分時走勢圖

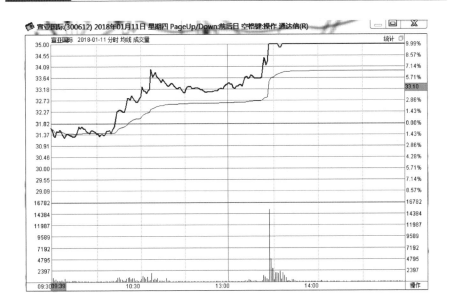

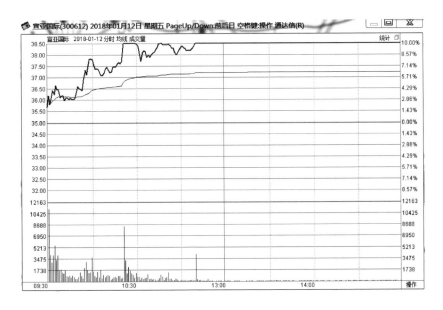

圖表2-15的上圖是第3個漲停大陽線，早盤強勢拉升漲停後盤中2次打開漲停。如果是在啟動初期，這樣的形態沒問題，因為漲停板打開是最好的洗盤方式，但在階段性高點意味著有資金開始兌現。

圖表2-15的下圖是第4個漲停板，雖然它很像中陽線的漲停板，但是下影線充分說明盤中的巨大分歧，尤其在第4個漲停板的位置，此時一旦出現強勢資金的賣盤，會帶動前期一批獲利盤開始了結，所以此時最重要的是規避風險、及時兌現、切忌追高。

見第92頁圖表2-16的上圖，在第2個拉升波段中也是由4個漲停板構成。第1個漲停板的分時波形屬於最強勢的拉升波形，也就是實戰一旦遇到早盤這種波形和量峰的推動，股價當天被拉升到漲停板的機率非常大。在盤中，後期拉漲停的資金量還沒出現前，之前的2個拉升波段對應的成交量，都視為攻擊型的強勢資金量能。

見圖表2-16的下圖，第2個漲停板是一根中陽線的漲停板，也就是股價早盤有跳空開高，只是做多的力道不強。在漲停之前股價數次跌破盤中均線，有一種將要下跌的假象，但是最後都會強勢拉回，雖然被拉升到漲停板也被反覆打開，走出我們認為的爛板行情（爛板意指在漲停板的位置上反覆開板又封板）。

如果從盤面的形態來看漲停板是有問題的，但是從趨勢來看股價還在上漲，到底該依據什麼？這個問題涉及資金和心理上的博弈問題，很多內容無法用文字來解釋。

一般情況下，爛板出現後，股價在漲停板的次日跳空開低的機率很大，但是宣亞國際向上跳空開高，也就是我們前一天看到爛板的表象，卻沒有透徹理解爛板的本質。在第3個漲停板當天，股價跳空開高後震盪半小時，就被拉升到漲停板，這也是一種做多意願較為強烈的表現。

前文曾強調反彈行情第2個與第3個漲停板的差別，當然也適用於此。從第3個漲停板封板後打開的時間來看，漲停板依然正常，至少

圖表 2-15　宣亞國際 2018/1/15 和 2018/1/16 的分時走勢圖

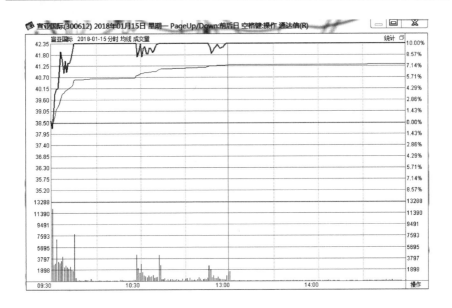

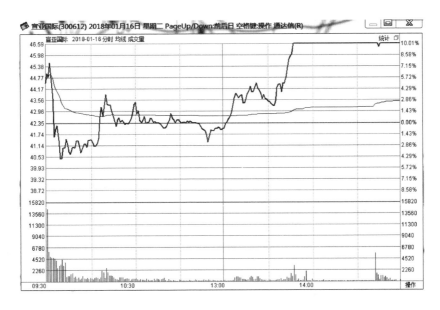

圖表 2-16　宣亞國際 2018/3/5 和 2018/3/6 的分時走勢圖

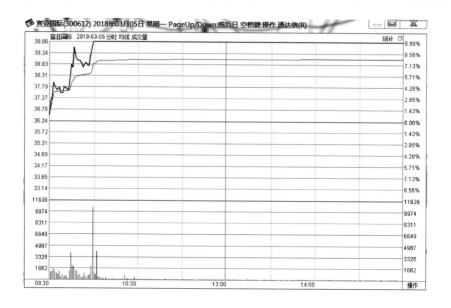

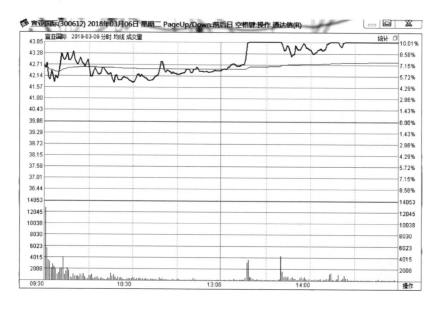

還沒有出現強勢賣盤。

　　見下頁圖表2-17，最後一個漲停板當天還是強勢跳空開高，股價圍繞均線展開震盪，然而均線的支撐作用非常強，直到10點40分左右被強勢拉升到漲停板。雖然當天的漲停板依然健康，但是我們知道監管的節奏基本是在第6個漲停板時被警示，所以4個和5個漲停板一般會成為連續漲停上漲的極限。

 確定改變前期弱勢的漲停板

　　見第95頁圖表2-18，深華髮A（000020）的走勢是一個超跌後的強勢反彈行情，股價先經歷2週弱勢上漲，因為股價漲幅和振幅都比較小，所以沒有出現明顯的放量形態，直到股價出現漲停板，才能確定改變前期弱勢小角度上漲的軌道。該上漲波段共有4個漲停板，從漲停K線的形態不難發現，K線的實體越來越小，隨著多方動能的加強，股價早盤開高的幅度越來越大，做多的意願越來越強烈。

　　見第96頁圖表2-19中的上圖，第1個漲停加速前期的上升行情，但是更有強勢資金在搶籌的跡象，因為前期的上漲速度較慢，只是讓股價止跌，沒有激起股市人氣，所以成交量還很小，強勢資金無法轉換到足夠的籌碼。因此，股市出現利多時，必須採取拉高吸籌的方式，讓自己在最短的時間內獲得籌碼，也就是一邊拉升一邊吸籌。雖然這種方式需要大量資金，但是遇到這樣的操作模式時，可以確定後期一定還有一個波段的空間。

　　見圖表2-19中的下圖，第2個漲停板是在盤中集中於某個時間快速拉升，這麼做一方面讓前一天買進的籌碼獲利，另一方面避免跟風盤進來搶籌碼。在超跌位置的股票上方有很大的套牢盤，一旦股價封住漲停板，就不會有人願意賣出，因為「不打開的漲停板才是好的漲停板，後期還會上漲；打開的漲停板是不健康的，後期要上漲會很困

圖表 2-17　宣亞國際 2018/3/7 和 2018/3/8 的分時走勢圖

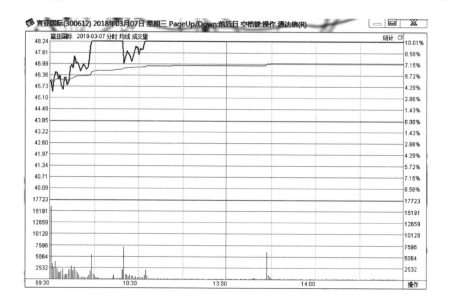

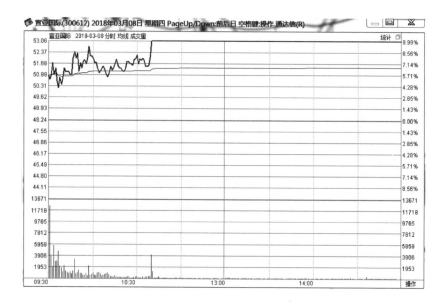

> **圖表 2-18**　深華髮 A 2017/11/14 至 2018/5/11 的日 K 線走勢圖

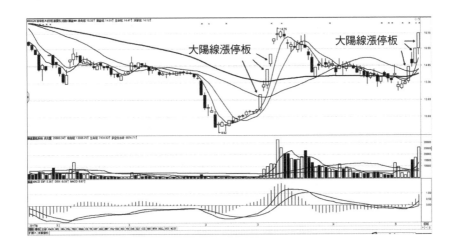

難」。

　　這是股市的歷史走勢給投資者留下的機會，但是真正的主力會製造規律、讓人們發現規律、再破壞規律，而破壞規律時就是反人性操作。

　　第2個漲停板長波拉升到漲停後，沒有封住漲停，而是選擇向下打壓，如此一來，可以讓昨天買進的籌碼獲利出場，又能製造出股價上漲無力的假象，讓那些對股價抱有無限希望的散戶選擇出場，進而達到洗盤的目的。

投 資 箴 言

　　我們不是主力，只能從形態認知主力行為。漲停板是主力的專利，對散戶來說是一把雙刃劍，當我們能透過形態熟練地運用漲停板時，它可以帶來獲利，但如果我們不能準確洞察其背後的意圖，很容易深受其害。

圖表 2-19 ▶ 深華髮 A 2018/3/2 和 2018/3/6 的分時走勢圖

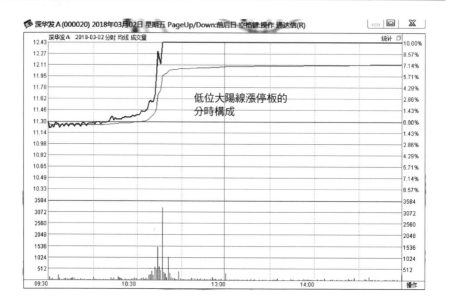

低位大陽線漲停板的
分時構成

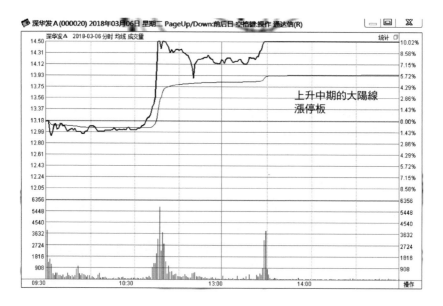

上升中期的大陽線
漲停板

提問者：邢先生

我對K線情有獨鍾，看過市面上關於K線的大部分書籍，但總是沒有產生共鳴，直到看了江海老師對K線的解讀。不過，我有一個疑問：K線是主力做出來的，一定有誘騙性，那麼單純從K線的角度看待股價漲跌就是不科學的，所以裸K交易是不是具有一定程度的不確定性？

回答者：君潔老師

這個問題已經上升到法和道的層面，當你開始研究這種問題時，會思考推動股價上漲和下跌的動因，漸漸地不被股價形式上的運動所掌控。

憑藉裸K交易不是單靠猜測和賭博，因為這是在充分了解K線、形態、趨勢、博弈、主力思維等多方面資訊之後，才能做到的。股票投資有很多東西要學，學這麼多層面的內容是為了指導交易，它們之間有著密切關係。因此，投資股票不是單純理解某個層面或某個戰法後，就可以獲利，而是全面理解理論後，形成完善的交易系統，才能夠應對牛熊的變化。

投資者可以把裸K交易作為一個方向，在你深度理解K線能量後，就能從K線形態上，獲得股市傳遞給你的一切資訊。

 **本章小結**

第**2-1**節：多頭K線是識別上升趨勢的基礎K線，在沒有構成該K線形態之前，很難確認上升趨勢。

第**2-2**節：空頭K線是識別下降趨勢的基礎K線，在沒有構成該K線形態之前，很難確認下降趨勢。

第**2-3**節、第**2-4**節：認識漲停板是建立強者思維的基礎，只有充分認識和理解漲停板，才會真正懂得操作強勢股。

 **思考題**

1.還有哪些你曾遇到、但本書沒有提及的K線？它們對交易有何影響？

2. 漲停板對於交易的影響大嗎？該如何透過漲停板制定交易策略？

情緒化時永遠不要做出投資決策，相反地，你應
該充分利用別人因為魯莽而出現的判斷失誤。

——投資大師 約翰·坦伯頓

第 **3** 章

跟隨主力抓穩低買高賣
時機，順勢操作獲利

透過 8 張圖，了解主力思維的價格和量能走勢

K線是主力操作出來的，有太多陷阱和欺騙，然而分時盤面是用真金白銀打造出來的，雖然還是會虛實難辨，但是若有大資金進出，是不會騙人的。

 ## 分析盤面是資金博弈的關鍵

你心中有沒有這些疑問：如何判斷一根K線是否健康？大陽線是否代表股市有強烈的做多意願？大陰線是否代表股市有強烈的做空意願？這些問題只看K線是難以解決的，這也是研究K線會遇到瓶頸的原因，而分析盤面能為我們打開一扇新的大門。

盤面中的每個要素，都是資金博弈不可或缺的關鍵。在江氏交易系統中，圖表3-1中的四幅圖代表主力思維的經典盤面價格走勢。圖一是吸籌標誌性盤面，圖二是洗盤標誌性盤面，圖三是強勢拉升標誌性盤面，圖四是快速下跌的標誌性盤面。

圖表3-2中的四幅圖代表江氏交易系統的盤面量能走勢。圖一是衝擊型主力建立部位的盤面量峰，每次有節奏地快速放量又快速縮回。圖二前期形成量堆，後期快速放大量代表盤中兩波強勢拉升，當天封在漲停板的機率特別大。圖三集合競價放大量甚至是巨量，之後

圖表 3-1　主力思維的經典盤面價格走勢

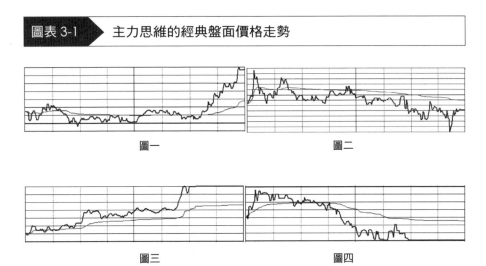

圖一　　　　　　　　　　　　　圖二

圖三　　　　　　　　　　　　　圖四

圖表 3-2　江氏交易系統的盤面量能走勢

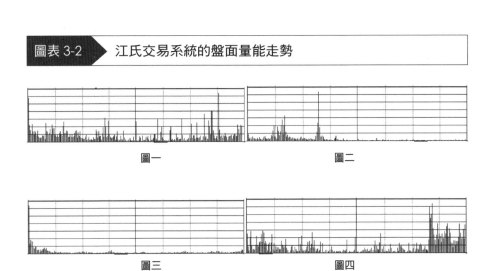

圖一　　　　　　　　　　　　　圖二

圖三　　　　　　　　　　　　　圖四

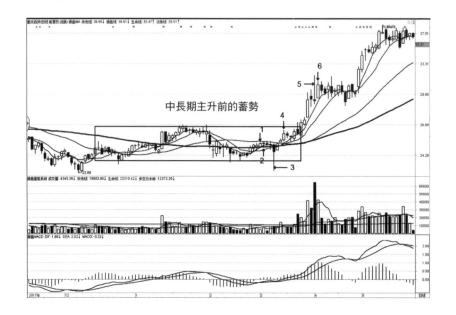

全天縮量，基本是開高後股價震盪下跌的走勢，主力出貨的機率較大。圖四上午量能較大，但是較分散沒有構成量堆，尾盤有強勁的量堆，上午不斷拿籌碼，尾盤快速拉升獲利，很可能是短線主力所為。

　　雖然不同上漲邏輯的股票展示的形式截然不同，但是資金牽引、人性驅動的核心動因有規律可循，因此無論多大級別的行情，都逃不掉資金進場、主動推高、資金出逃的過程。

　　見圖表3-3，重慶百貨（600729）在上漲前經過幾個月的橫盤蓄勢，在這個橫盤期間，K線對應的分時走勢值得關注，因為只有出現過連續性場外資金進場快速搶籌的橫盤期間，才有研究價值。

　　在近4個月的橫盤時間裡，投資者要持續關注股價每天的變化，尋找是否有強勢資金參與的訊號。在分時走勢圖中，一旦發現攻擊波

頻繁出現，就值得關注，因為出現攻擊波表示有資金在主動買進，這對分析當下主力所在的成本區有重要意義，畢竟主力的成本區就像它的命脈，死守主力成本區一定會得到豐厚獲利。

　　見下頁圖表3-4中的上圖，全天有明顯的脈衝波，可能因為量能不足，所以不是關注的重點，但尾盤的拉升動作值得關注。分時圖上有明顯的量峰和量堆，當天收盤在紅盤區以上，這提供投資者第1個異動訊號。

　　圖表3-4下圖中的異常訊號一樣出現在尾盤，關鍵的訊號點在放量。每天的早盤和尾盤都是主力資金偏好的時段，因為這2點是決定當天K線性質的關鍵。

　　在前文的K線走勢中，最容易被關注的是那根長下影線，它是一根明顯的關鍵K線。在此之前，股價在分時盤面中曾出現搶籌的跡象，但因為技術形態尚未有效修復，因此還沒出現最好的拉升時機，股價處於反覆震盪，在盡量低的成本下實現吸籌的目的。

　　第107頁圖表3-5中的上圖是長下影線當天的走勢，從波形的形態不難看出，股價已處於相對控盤狀態，雖然當天震盪較大，除了2次刻意向下打壓的波形之外，股價的走勢非常不連貫。

　　但是單從分時圖的走勢來看，很難看出當天的日K線留有下影線，因為這是主力或基金經理先用個人資金在低點建立部位，等待公有資金拉升到高點後，率先賣出個人部位而獲利的行為。不過，並非所有下影線都會這樣，所以只要出現下影線，就值得關注並深度分析，因為一旦確認是主力刻意操作的行為後，這個下影線成為波段低點的機率會大幅增加。

　　在長下影線的次日，股價走出小幅拉升，雖然給投資者的感覺是股價運行較弱，但是從當天的日成交量來看，已經在緩慢放量。股價在波段低點到真正有效突破的這段時間，很難被投資者發現，因為走勢往往都在這種悄然進行中完成修復。在特殊的位置，一根不起眼的

圖表 3-4　重慶百貨 2018/3/1 和 2018/3/2 的分時走勢圖

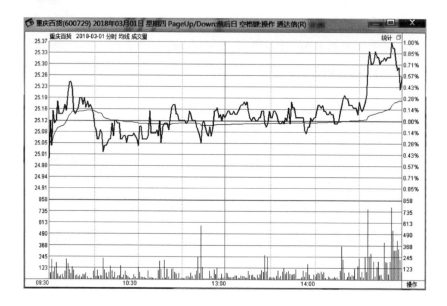

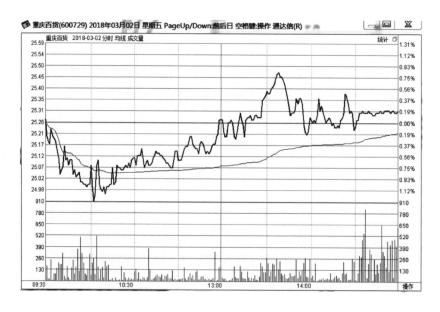

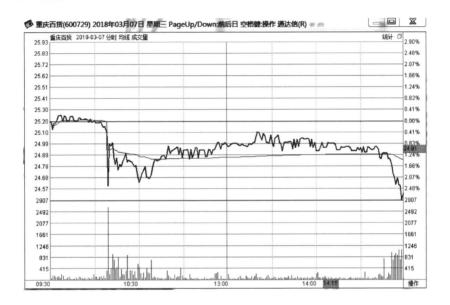

圖表 3-5　重慶百貨 2018/3/7 和 2018/3/12 的分時走勢圖

K線也會扭轉乾坤,成為具有決定性作用的K線。

前面分析一根下影線,接著要分析上升趨勢運行過程中的另一根重要K線──長上影線。

圖表3-6中的上方走勢圖,是重慶百貨在拉升過程中出現的一根上影線。早盤的拉升讓股市對它充滿期待,但是從當天上攻過程中的量能會發現,股價在不斷創新高時,沒有放出較大的成交量,這對一個在早盤想強勢拉升或漲停的股票來說不太可能,因為沒有強烈的做多意願不會走出強勢拉升。

當天股價最高來到7.3%的漲幅後,開始震盪下跌,最終收在盤下,也就是當天從最高點至收盤下跌的幅度超過7%,這發生在上升趨勢中是不正常的,基本上可以確定股價要進入階段性調整。

雖然前一天股價遭到嚴重賣壓,但在第2天出現一根中陽線(見圖表3-6中的下圖),似乎是懷疑前一天得出股價即將進入調整期的結論。但是,從第2天分時圖和全天的K線走勢中不難發現,成交量開始出現問題。

在多方遭到打壓後,如果沒有強勢的做多資金進場,很難維持持續性上升趨勢,該中陽線上攻動能不足,而且沒有創新高,股價依然會處於調整狀態。

背後資金的實力不同,操作時間也有差別

見第110頁圖表3-7,智能自控(002877)的走勢與重慶百貨大相徑庭,因為重慶百貨的走勢是週線級別,而智能自控最多是60分鐘級別,也就是背後牽引資金的實力截然不同,想要操作的時間也有很大的差別。

重慶百貨有幾個月的橫盤蓄勢期,此時足以讓股價完成充分換手,但是智能自控處於單底反彈的位置。2018年的上半年,除了反彈

圖表 3-6　重慶百貨 2018/4/10 和 2018/4/11 的分時走勢圖

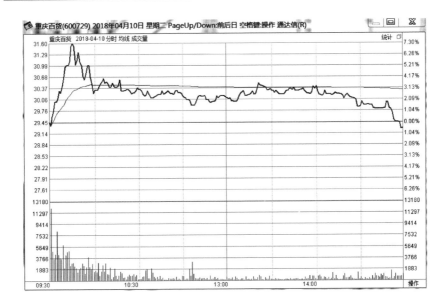

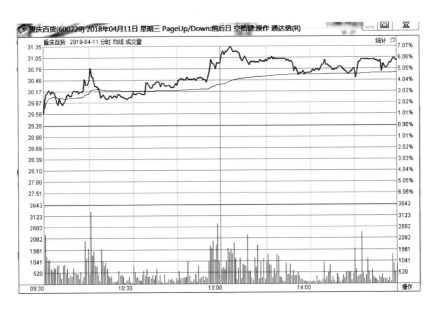

圖表 3-7	智能自控 2017/12/21 至 2018/5/21 的日 K 線走勢圖

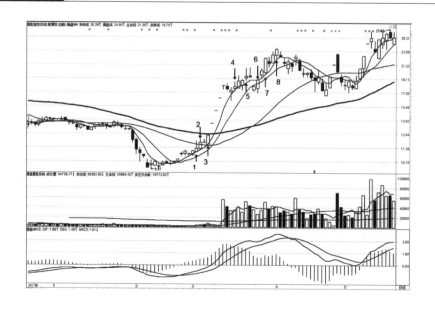

行情之外，操作機會不大，而在該反彈行情中，往往是超跌後主力資金快速進場、拉升及出貨。

　　智能自控經過一輪超跌後，股價緩慢爬升，以弱勢 K 線為主，雖然 K 線的實體不斷變強，但前期密集區的壓力依然是股價形成上升趨勢必須考慮的要素。單純從技術形態的支撐和壓力來分析股價走勢，成功率有限，需要充分結合主力資金的動向。

　　圖表 3-8 中的上圖，對應圖表 3-7 K 線走勢圖中標注 1 的 K 線。在超跌後的底部，股價有走出小圓弧底的跡象，雖然前期 K 線都以弱勢為主，但是從這一根開始，分時走勢圖中已有明顯的異動，早盤開盤不久就出現強勢的長波拉升動作，最大漲幅有 7%，但之後股價沒有維持在相對高點，而是開始震盪下跌，最終的漲幅收在 2% 左右。

　　見圖表 3-8 的下圖，更值得關注的是，這樣的長波拉升不是偶然

圖表 3-8	智能自控 2018/3/2 和 2018/3/5 的分時走勢圖

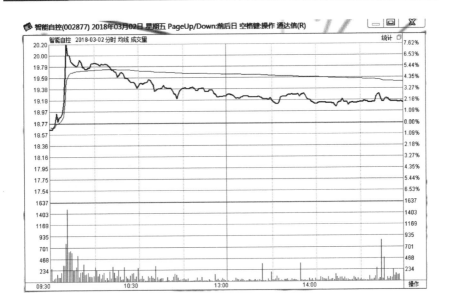

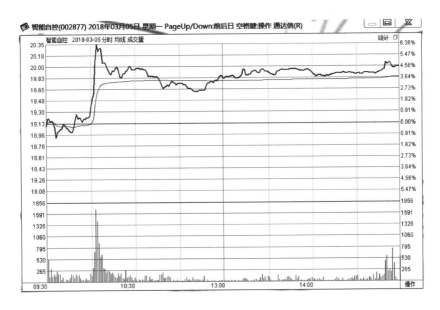

行為，第2天再次出現，而且發生的時間和波形都如出一轍。投資者應關注，雖然股價前期以弱勢K線為主，但是一個波段下來也有可觀的漲幅，若是弱勢資金參與的反彈行情，此時出貨的機率非常大。

不過，仔細研究這2天拉升後震盪下跌的波形，可以看出這2天整體的量能不大，沒有快速出貨的跡象，最重要的是，在盤面的走勢中，震盪下跌的過程沒有快速放量，因此排除前期進場資金出貨的可能，同時得出新的結論：強勢資金開始加快吸籌的進度，正在拉高建立部位，同樣的手法在2017年的方大炭素（600516）走勢中出現過。

判斷股價有強勢資金在搶籌時，投資者一定要特別注意，因為搶籌只有一種可能，就是再不拿到足夠的籌碼，就會錯過最好的拉升時機，或是好的拉升時機已經出來了，必須快速拿到籌碼，以保證在拉升的時候取得充足的獲利。

圖表3-9的上圖，是出現2根搶籌K線後，走出一根十字星之後的K線形態，在圖表3-7中標記為3。從該大陽線的分時圖中，得到股價正在穩健上漲的資訊，股市上做多資金的一致性非常強，絲毫沒有遇到前方壓力開始調整的跡象，更沒有主力資金要出貨的痕跡，所以此時開始有試探性部位進場。

對於操作智能自控最大的遺憾，是沒有提供合適的加碼機會，這是典型強勢資金操作的股票，他們從緩慢吸籌到快速吸籌，當你覺得自己彷彿看懂時，股價遇到重要壓力位，你因此選擇等待回檔，可是股價不但沒有回檔，反而以一字漲停板的方式強勢上漲，不給跟風者一點機會。

圖表3-9的下圖，對應連續一字板後的大幅調整K線，在圖表3-7中標注為4。在經過一個大幅上漲的波段後，必然會有資金開始兌現籌碼，所以盤中拉升後的震盪幅度明顯變大。

分析盤面的走勢，就是研究資金的細微變化，從這些細節中找到強勢資金的蛛絲馬跡。相較於圖表3-8的分時圖中拉升後的震盪，在

圖表 3-9 ▶ 智能自控 2018/3/7 和 2018/3/16 的分時走勢圖

階段性高點的分歧開始變大，對散戶來說，可操作性開始降低。投資者一定要學會控制部位，避免在這個位置盲目參與。

在股價運行到階段性高點後，分時盤面的分歧開始變大。看圖表3-10中的上圖，股價曾強勢衝擊漲停，但是封住的時間不足15分鐘，最終選擇震盪向下，這個走勢圖和上一根K線走勢圖非常相似，都是具有籌碼兌現性質的分時走勢。但是，在這個走勢之後，出現圖表3-10中的下圖走勢，該形態多是資金在緩慢吸籌的訊號，但是出現的位置不太對。仔細看分時盤面的量能就知道，場外資金進場的量能不足以牽引股價持續走強。

請牢記，主力資金都是在上升中出貨，因此股價在最後的出貨區還會上漲，甚至有漲得更瘋狂的跡象，目的是為了讓散戶相信它不會下跌，才能實現出貨目的。

漲停板除了是主升行情的重要構成之外，更重要的作用是為了出貨。第116頁圖表3-11中的上圖是漲停板出貨，而下圖的拉尾是明顯的誘多行為，因此在高點出現這種不健康的訊號時，投資者應當回避風險。

> 圖表 3-10　智能自控 2018/3/21 和 2018/3/26 的分時走勢圖

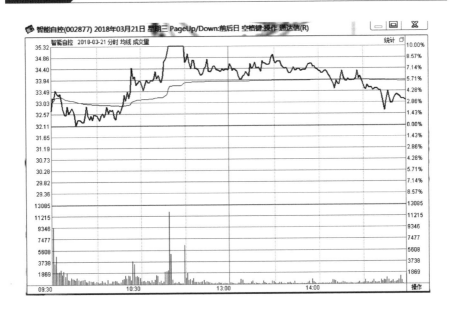

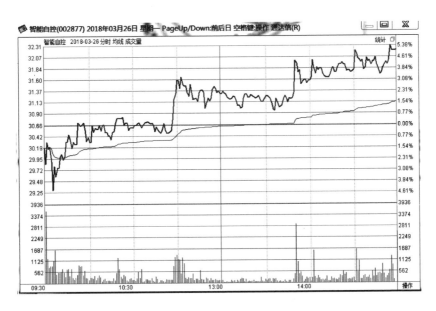

圖表 3-11 智能自控 2018/3/28 和 2018/4/2 的分時走勢圖

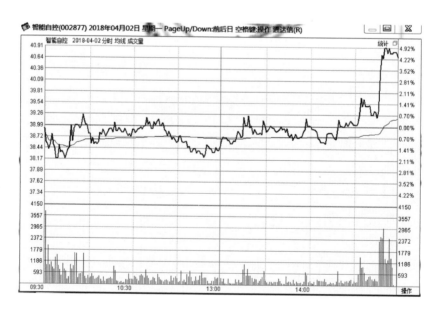

3-2

從支撐與壓力研判主力蹤跡，避免被洗盤或套牢

支撐和壓力的功用

　　分時盤面上的價格走勢和K線上的運行一樣，每個轉折的點位都可能遇到支撐和壓力，所以分析分時走勢上的支撐和壓力，是研判主力資金動向、尋找買賣點的重要因素。分時盤面的支撐和壓力比K線更快、變化更多，因為分時走勢可以看作是更小週期的K線圖。

　　在用15秒的走勢做股指期貨時，更常運用支撐和壓力的原理，但是我不建議大家參與這種交易，因為要在股市規則健全、參與者夠多時才適用，在對交易者有高度要求的同時，必然會有很大的誘惑。

　　見下頁圖表3-12，頂點軟體（603383）這一波是超跌後的上升行情，很容易找到主力資金參與過程中的痕跡，這對分析股價後期走勢和執行交易有很大的幫助。出現36.79最低點後，股價進入緩慢爬升的通道中，但是這個通道的級別只在60分鐘或30分鐘上。如果你認真閱讀前文就會明白，從底部起來的第1個弱勢上漲波段不是用來交易，而是判斷股價可能見底的訊號。

　　在這個波段的運行中，股價站上60均線，也就是完成股價從空方轉向多方。之後股價和60均線的關係至關重要，一旦能夠確認60均線多空分水的作用明顯，後市行情可期。

圖表3-12　頂點軟體 2017/12/20 至 2018/5/23 的日 K 線走勢圖

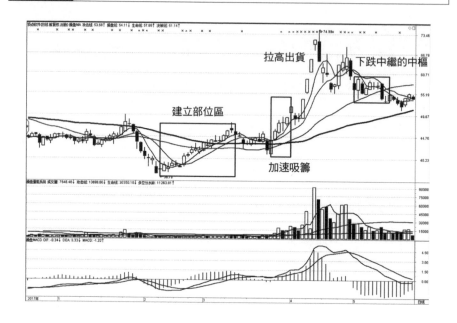

　　第1個小通道的上漲波段完成後，股價運行一個標準的ABC結構，無論是A的低點還是C的低點，全部止跌於60均線，在C的低點出現強勢漲停板大陽線來修復整體走勢。此時在技術形態上不難判斷，股價已經有充分的止跌跡象，從漲停大陽線的分時走勢中不難發現，股價當天有明顯的搶籌跡象，也就是在重要壓力位，股價不但沒有受到賣壓導致持續下跌，反而有資金進場在推高股價，表示股價已進入加速吸籌階段。

　　從這段行情的走勢中不難發現，股價後期走出快速拉高出貨，然後快速見頂下跌的走勢。這種出貨方式很常見，是保證參與的主力取得最大獲利的有效方法。股價在這種位置會出現大幅震盪，值得關注的是，每次上漲都會增加一次主力資金急切兌現籌碼的可能。

圖表 3-13 ▶ 頂點軟體 2018/5/2 至 2018/5/15 的連續分時走勢圖

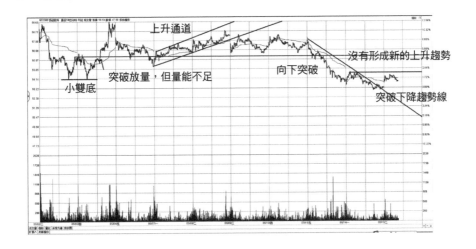

　　K線走勢中標注的幾根K線，是股價見頂後轉為下跌過程中的一根小的中繼形態，在分時走勢圖中分析股價的支撐和壓力，能夠更早、更有效地判斷股價後期走勢。圖表3-13是股價在分時圖上的10日連線走勢圖，對於趨勢的轉變、形態及結構的分析，與K線走勢圖是一樣的。

　　首先，在經歷一開始的下跌後，股價構築小雙底形態，且在突破前期頸線的位置快速放量呼嘯而過，此時沒有形成大的賣壓阻礙股價上漲。股價運行到前高點之後，受到實質性和心理上的壓力，而快速下跌，再次回到前期的底部橫盤區。雖然股價止跌後緩慢上漲，但是新的通道已明顯說明，股價的上漲動能開始減弱，所以股價很快跌破通道的下軌，跌破時甚至出現向下的跳空缺口。

　　股價在前期底部形態上方展開寬幅震盪，也就是股價重心的變化直接決定支撐和壓力的轉化：支撐被突破後變成壓力，壓力被突破後變成支撐。當股價向下突破前期頸線時，確認新的下降趨勢成立，在

圖表 3-14　朗博科技 2018/1/11 至 2018/5/23 的日 K 線走勢圖

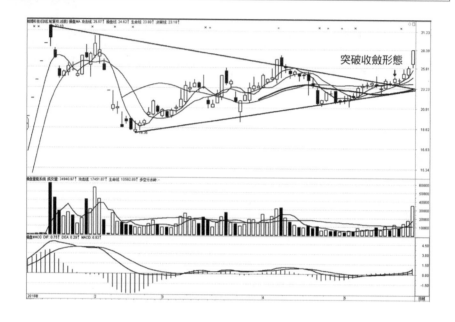

該運行中不斷修正下降趨勢線，直到形成新的底部。

　　見圖表3-14，朗博科技（603655）上市後經過13個一字板，進入寬幅震盪狀態。在這個震盪期間，股價走出明顯的收斂形態，雖然成交量逐漸萎縮，但是股價的重心不斷上移，最重要的是在這個過程中K線的實體越來越小，這是明顯能量聚集的訊號。

　　《交易者思維的主力之戰》（大樂文化出版）曾分析次新股，次新股對資金非常敏感，一旦經歷充分換手和累積能量，做多資金的進場就會成為行情的引爆點。在傳統的技術分析中，會一再向大家強調突破收斂形態，此時的量價關係對新趨勢的形成非常重要，也是投資者研判真假突破的核心要點。

　　圖表3-14中最後10根K線的分時走勢圖，請見圖表3-15。這個連

圖表 3-15　朗博科技 2018/5/10 至 2018/5/23 的日分時走勢圖

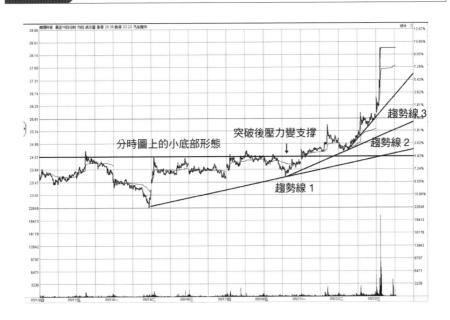

續走勢是標準的築底、上升趨勢形成的過程。在對長期收斂的底部構成突破時，確認了第1根趨勢線1，此時確認上升趨勢的形成，但是股價做多的動能不是很強，股價上漲的角度平緩。不過，隨著股價不斷創新高，要不斷修正上升趨勢線，保證在上升角度不斷陡峭的過程中，及時跟隨行情變化。

　　趨勢線的作用不是讓投資者迷信它能預測股價，而是及時、有效地識別形態和趨勢的演變。因此，道氏理論在股市中的應用不僅適用於幾百年前，也適用於現在和未來，因為它以最簡單的方式詮釋股市的核心邏輯。

　　很多時候交易要求投資者簡簡單單、返璞歸真，如果你能做到，最終一定會獲利豐厚，因為股市的浮躁導致投資者在面對股價變化時，很難做出準確判斷。

本章小結

第**3-1**節：分時盤面的變化傳遞重要資訊，無論是從主力思維還是技術分析的角度來看，分時盤面的變化都會為交易決策帶來不可或缺的資訊。

第**3-2**節：分時走勢的支撐和壓力，與K線的支撐和壓力一樣，都會構成趨勢運行和頂底轉化的重要依據，自然對交易決策產生重要影響：支撐被突破就變成壓力，壓力被突破就變成支撐。

 思考題

1. 為何要分析分時走勢？分時走勢的變化對交易的影響大嗎？
2. 分時走勢上的支撐和壓力如何指導我們買賣？

NOTE

大資金之所以成為大資金，在於它同時是聰明的
資金，所以大資金的行為非常值得關注。

——布林通道發明人 約翰・包寧傑

第 **4** 章

從資金量能捕捉飆股的
訊號，賺飽主升段

4-1
吸籌盤面：找出趨勢或資金動向，作為你交易的指標

我一直強調，不要買沒有主力建立部位的股票。如果你了解江氏交易系統，一定對強勢資金吸籌有深刻的認識，因為參與股票交易最重要的是找到你要跟隨的標竿——不是趨勢就是資金。

吸籌要日積月累，才能拿到渴望的籌碼

吸籌盤面是判斷主力資金吸籌區域的重要輔助要素，尤其，對於想中長期控盤的主力資金來說，吸籌不是一天就能完成，一定是在某個或某幾個區域內日積月累，才能拿到想要的籌碼。所以，若在一段時間內發現有吸籌或搶籌的跡象，這就是值得關注的訊號。

主力資金作為場外資金進場交易，必須足夠小心，一定要避免引起股價的大幅波動，因為一旦引起對手的關注，很容易讓自己前期的籌碼全部丟失。

主力每一次選擇建立部位的點位，都是充分分析後得出的天時、地利、人和之處，一旦失守就必須等待這個點位的再次出現。對主力來說，資金成本極為重要。

圖表4-1是上柴股份（600841）的走勢，無論從主力思維還是技術形態的角度分析，都非常標準。股價前期經過ABC的下跌後站穩，

| 圖表 4-1 | 上柴股份 2017/9/29 至 2018/5/15 的日 K 線走勢圖 |

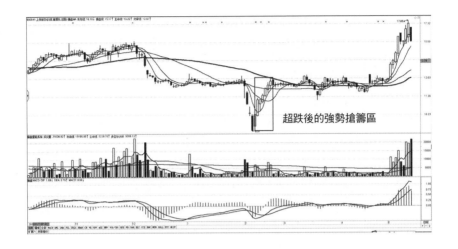

在C浪的下跌過程中走出快速超跌走勢，之後股價迅速拉回超跌之前的平台區，然後在原平台的位置震盪，此時各週期的均線再次聚合，並出現明顯的異動K線。從上柴股份的走勢中可以看出，股價在圍繞60均線震盪的過程中，逐漸形成啟動大多頭行情的預備形態，此時的陽量引爆是新上升趨勢的開始。

本節將分析吸籌盤面。上柴股份的吸籌是典型的拉高吸籌，具有重要的分析價值，是搶籌的代表，更是捕捉強勢股的重要依據。

下頁圖表4-2中的上圖，是K線圖上的下跌完畢後的第1個漲停板走勢。雖然盤中的波形有停滯的跡象，但是股價有幾次伴隨成交量明顯放大，表示有資金進場。

前一天股價還是一根大陰線，此時大陽線無疑是宣布空方動能基本結束，至少要建構底部形態的走勢。圖表4-2中的下圖走勢同樣值得關注，上午股價維持橫盤小幅震盪，但是下午出現2波明顯的放量拉升，有效補充昨天的漲停陽線，再次展現多方強烈的做多意願。

圖表 4-2　上柴股份 2018/2/7 和 2018/2/8 的分時走勢圖

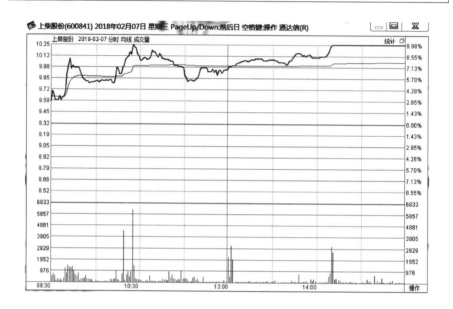

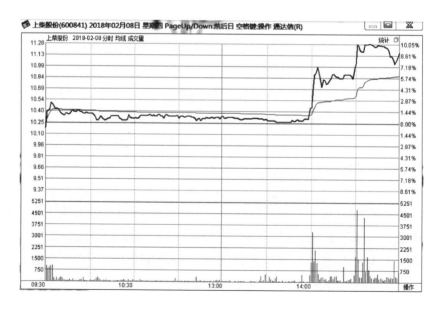

2天的上漲為股市注入活力，就在大家拭目以待第3根陽線時，盤中受到強烈打壓，而且全天大部分時間都在相對低位橫盤。在大家開始質疑前2天的陽線時，股價開始放量拉尾，最終收在紅盤區。下頁圖表4-3中的下圖是拉尾後的走勢，雖然當天沒有大漲，但是全天的量堆形態比前幾天更明顯，充分說明場外資金的關注程度越來越高。

第131頁圖表4-4的上圖是第5根陽線的走勢，前期的放量和量堆充分展現參與資金的實力。但是從形態來看，股價處於超跌後的反彈或反轉，雖然目標空間可以看到前期的橫盤區12.3左右，但是在股價走出來之前，很難判斷它會以什麼樣的方式漲至12.3，因為我們不是主力，只有主力自己知道。甚至連主力在完成這個拉升波段之前，也很難確定自己一定是以連續7根陽線的方式，拉升到前高點，因為股市時刻在變化，他們也需要及時做出調整，以應對股市的變化。

圖表4-4的下圖是第6根陽線，股價在中午用10分鐘左右的時間快速從跌2.6%拉升到漲3%。專業操盤手都很清楚，中午11點之後，投資者盯盤的動力會大打折扣，這時候的拉升可以有效避免跟風盤搶入，因此這個時候快速拉起，基本上可以在盡量小的成本中，拿到較多的籌碼。

第132頁圖表4-5的上圖，是這波拉升過程中的最後一根陽線，從股價波形的構成中，可以看出又是以停滯波為主，上漲的衝力不足。最重要的是，上衝動能的不足是較前6根陽線相比得出的結論，也就是說，雖然都是陽線，但在運行中已經開始出現細微的變化。分析股價的走勢就是關注到這些細微的變化，進而判斷不同週期的轉折點。

圖表4-5的下圖從上漲轉為下跌，終結前期連續上漲，此時7連陽已經到達前期的重要壓力位，大趨勢的重要支撐和壓力一半都會形成小週期的實質性轉折點。

從上柴股份超跌後的修復行情分時走勢中，可以發現強勢搶籌必然伴隨堆量和攻擊型量峰的出現，這是場外資金進場的標誌。

圖表 4-3　上柴股份 2018/2/9 和 2018/2/12 的分時走勢圖

| 圖表 4-4 | 上柴股份 2018/2/13 和 2018/2/14 的分時走勢圖 |

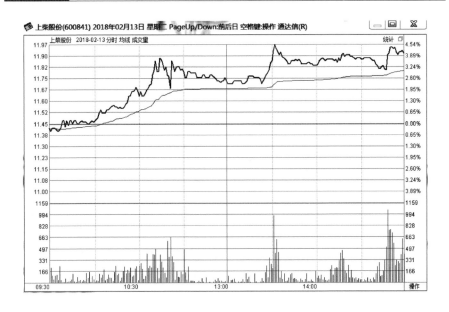

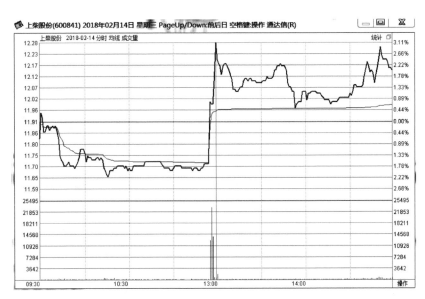

圖表 4-5　上柴股份 2018/2/22 和 2018/2/23 的分時走勢圖

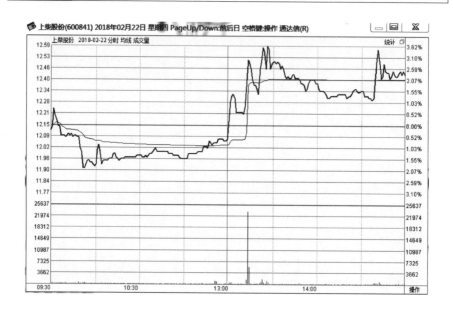

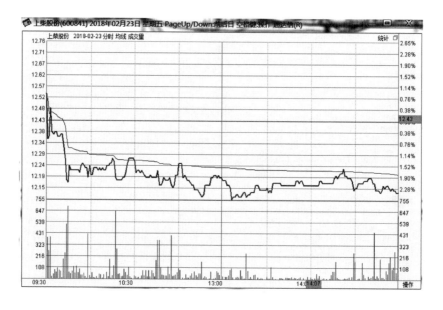

出貨盤面：遇到在階段性高點的拉升後打壓，該怎麼做？

　　雖然我一再強調，識別出貨和洗盤是在主升段堅定持股的關鍵，但是股市和主力的操作手法一直在調整和改變，所以在股市大環境不同時，主流的洗盤和出貨手法就會調整。

　　這也是我們常常遇到3個月前用的洗盤模型，在3個月後不管用的原因。如果在分析股價趨勢、運用操作模型時，只關注形態變化而忽略它的實質，就很難應對市場的變化。

💰 資金會反應人性

　　由於股市中大部分股票當下的位置不同，因此大部分股票在低點和高點時，股市的人氣氛圍不一樣。比方說，2018年上半年股市以弱勢震盪為主，參與的資金不多，各類股一致性上漲的機率不大，但是妖股依舊不斷，因為資金有限，大家不願意分散交易，只能看準熱門點使勁拉升。

　　見下頁圖表4-6，誠邁科技（300598）是典型妖股。和上柴股份相同的是，他們都在前期的弱勢橫盤後經歷一波超跌，之後股價開始對前期的超跌形成有效修復。上柴股份修復後，經過一段時間的橫盤，但誠邁科技在4天連續下跌的強勢洗盤後，啟動主升行情。在後

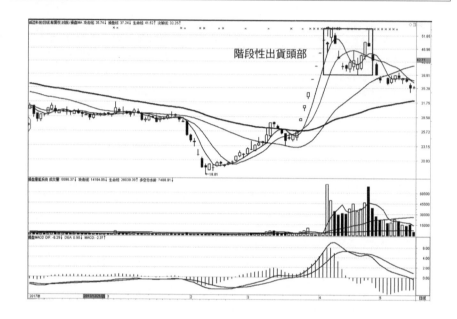

期的連續8個漲停板的運行中，完成弱勢股市環境下的逆襲。

　　分析誠邁科技有2個重點，一個是在遇到前期高點後的洗盤，一個是在8個漲停板後的出貨。對股評家來說，分析股價非常簡單，但如果要指導實戰交易，就需要理性、客觀地判斷在重要位置出現的重大訊號。

　　誠邁科技遇到前期的長期橫盤整理區時，出現回測是正常的。無論是洗盤還是技術性調整，此時減少部位或出場都是正確的，賣出不代表我們認為這檔股票不會上漲，只是當下股價受到前期的賣壓較重，向下的機率更大。所以，此時的賣出要求我們更關注後期的走勢，因為前期超跌修復完成後，表示它已經有明顯的場外資金進場，股價隨時會出現調整到位的訊號。

本節著重分析出貨盤面，一旦再次遇到階段性高點出現的出貨盤面，就要避而遠之，因為強勢資金不會選擇在這個位置建立部位。

在圖表4-6的走勢圖中，箭頭指的K線是對應下頁圖表4-7的上圖，它是上升趨勢末期最後一個漲停板的分時走勢圖。雖然股市中「爛板也能成妖」的跡象越來越明顯，但分析爛板還是要結合位置，面對風險絕對不能掉以輕心。

在股價運行出1倍以上的利潤空間後，獲利盤隨時會有出逃的需求，所以此時的爛板成為主力資金出逃的機率會變大，尤其漲停板打開的幅度超過5%，一定是風險大於機會，不適合買進，應該思考何時賣出。

一般情況下，漲停板的次日至少會有一次股價衝高的行為，但是從圖表4-7的下圖中不難發現，股價當天直接開低走低，也就是前一天的漲停板沒有帶來任何做多的動能。

其實問題出在前期的8個漲停板，此時已經獲利滿滿，股市的風吹草動使投資者不計成本賣出手上籌碼，兩天的分時走勢在此固定股價位置，因此接下來一定是以寬幅震盪為主。

在分析最後一個漲停板和這個爛板次日的陰線後，已經替股價分析出結果，那就是無買進機會。

雖然很多股票在連續漲停板或強勢上漲之後，經過短暫的調整還是會上漲甚至創新高，但是能在這個位置獲利是刀頭舔血，很難實現長期穩定的獲利。

見第137頁圖表4-8的上圖和下圖，之後的走勢出現連續2個跌停板，都是在早盤大幅開低後反覆折騰，下跌到跌停板上。雖然這2天整體的量能較前2天萎縮，但是與漲停之前比較，依然是明顯的大幅放量。買賣雙方的分歧在漲跌幅加大，使股價巨幅震盪，而能帶來獲利的是一致性趨勢。

2個跌停板讓股價的空頭氛圍濃厚，繼續下跌的機率很大，雖然

圖表 4-7　誠邁科技 2018/4/10 和 2018/4/11 的分時走勢圖

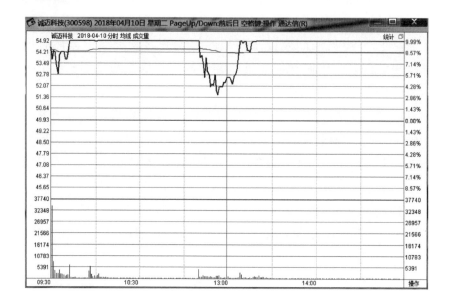

圖表 4-8 誠邁科技 2018/4/12 和 2018/4/13 的分時走勢圖

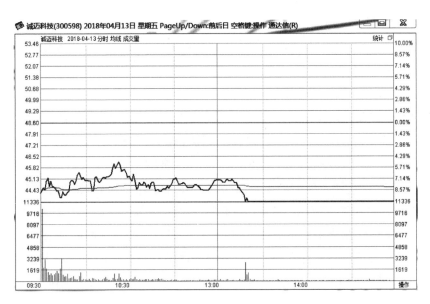

此時股價可能隨時有強勢逆轉，但是盲目下注只會讓籌碼越來越少。在股價沒有真正站穩之前不宜看多，直到確定出現止跌陽線。

看圖表4-9中的下圖，股價進入寬幅震盪狀態，而且從成交量來看，可以發現有明顯的下跌放量，但是上升推動時，沒有放量的走勢，代表這是虛漲。

雖然前一天股價虛漲的跡象明顯，但是已經沒有像之前那樣強勢下跌，因此反彈在即。第140頁圖表4-10的上圖，是誠邁科技見頂後的第1次有效反彈，這對前期急於進場的散戶來說，就像救命稻草，期待能夠解套。

從形態來看，股價開始反彈，但是從量能可以看出，股價在強勢上攻時的量能不足，沒有充分解套前期的套牢盤，這時股價沒有能力走出強勢的新上升趨勢。

雖然當天最大漲幅有7%，但是尾盤下滑注定次日開低，多空分歧在此演繹得淋漓盡致。在次日的走勢中，股價創前一天的新高，但是在分時圖上再次走出上漲乏力的雙頭形態，此時的操作漲跌週期一直降低，意思是確定獲利的機會一直減少。

本節的焦點在出貨盤面，想要理解出貨，一定要站在人性的角度才能分析清楚。

股市中任何一個時間點，都會同時存在看多和看空的人，先不考慮漲停板和跌停板，不要指望在這2種極端的靜態情況下建立部位或出貨。不過，可以藉由製造動態的漲停板和跌停板騙取籌碼，因為這兩種極端的現象會改變參與者的心態，以實現主力的目的。

此外，還有一種經典的現象是巨幅震盪，因為巨幅震盪會讓參與者的心態產生變化，當心態不穩定時，更容易被股市的假象欺騙。

第141頁圖表4-11的2幅圖剛好一正一反，完美詮釋股價在分歧過程中的巨幅震盪。上圖是向下打壓後的巨幅震盪，下圖是向上拉升後的巨幅震盪。此時的目標是希望散戶積極進場，在向下打壓時讓你抄

圖表 4-9　誠邁科技 2018/4/16 和 2018/4/17 的分時走勢圖

圖表 4-10　誠邁科技 2018/4/18 和 2018/4/19 日的分時走勢圖

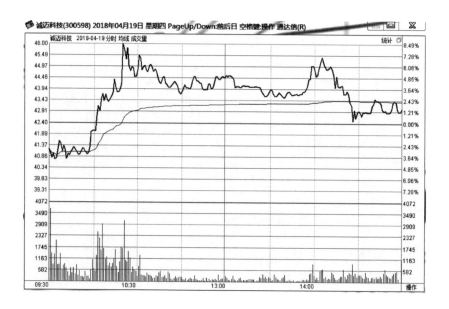

圖表 4-11　誠邁科技 2018/4/20 和 2018/4/23 的分時走勢圖

底，在股價不斷創新低的過程中感慨自己的英明，但在下午的拉升時開始捶胸頓足。漲3%時還堅持不斷告訴自己股價在誘多，但是漲6%時總是忍不住想追。

即使當天忍住誘惑，依然會因為第2天的連續上漲，而感覺不是滋味，看著一次又一次出現新高，再次下定決心突破買進，殊不知股價在錯失位置優勢時，會大幅增加操作風險。很多散戶無法識別這些風險，更沒有及時規避風險的能力。

無論你是在前一天還是前兩天買進，都會非常慶幸，因為股價連續創新高，並且走出漲停板，這是參與弱勢股很難有的體驗。

在圖表4-12中的上圖裡，漲停板開始接近前期高點，而在下圖裡漲停板形成時，剛好到達前期高點，此時是否封住漲停板會決定它是否延續成為妖股。但是，經過前面的分析，基本上可以判斷此次股價再創新高、強勢上漲的機率不大，因為市場分歧太大，強大的做空動能不會讓股價繼續上漲，所以要及時兌現、規避風險。

很多投資者認為，成為股市高手的標準，是能判斷股價的最低點和最高點，這其實是不成熟的想法。畢竟，如果有辦法判斷最低點和最高點，那麼真的可以稱為股神了。我們運用各種分析方法，能判斷當下是處於吸籌、洗盤還是出貨，已經不容易，如果把焦點過度放在細枝末節，很可能錯失大局。

投 資 箴 言

當股價在相對低點時，上漲的機率大，不宜盲目停損；當股價在相對高點時，下跌的機率大，不宜盲目買進。

交易一定是參與大機率事件、放棄小機率事件。雖然在小機率事件中掙扎會有獲利，但是花費的精力成本較大，而且一旦踩到小機率事件的地雷，很可能引發滅頂之災。

圖表 4-12 誠邁科技 2018/4/24 和 2018/4/25 的分時走勢圖

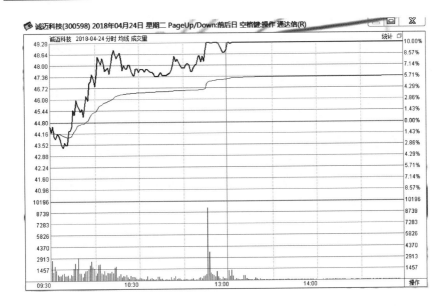

提問者：蔡小姐

如何分辨洗盤和出貨？我經常關注熱門點，很容易買到大牛股，但問題是每次都不能賺足，很多時候都是賣出後才出現更多獲利。我在科創新源（300731）5月14日早晨開盤時買進，5月16日賣出（見圖表4-13），覺得這檔股票很好，但是後期再次啟動時，變得不知道該如何買進。

回答者：君潔老師

分辨洗盤和出貨是令很多投資者頭痛的問題，因為兵不厭詐。但是單純從技術形態的角度來區分是有難度的，比方說沒有跌破5日均線的是洗盤，但是第1天沒有跌破，第2天卻跌破呢？所以，分析洗盤和出貨，要求我們深度分析主力行為，也就是綜合各方面的資訊後，才能判斷是洗盤還是出貨，絕對不能以偏概全。

首先強調第1個問題，如果你是做短線，只操作自己看懂的行情，那麼洗盤前會給你一個小波段漲幅，這是股市給你的獲利機會，照單全收就好，但你同時要學會放棄看不懂的，也就是放棄洗盤後的行情。如果捕捉一支大牛股不容易，還想從後面的強勢行情中分一杯羹，就要學會分析是洗盤還是出貨，因為分析洗盤會針對不同性質的趨勢，採用不同的方式。

我們可以從以下4個方面，分析是否為洗盤：

1. 前期是否有場外資金進場？資金是否強勢？

2. 主力的成本區在哪裡？當下的利潤空間有多大？會滿足主力資金的要求嗎？

3. 這檔股票是不是當下的熱門點？

4. 有沒有跌破5日均線？

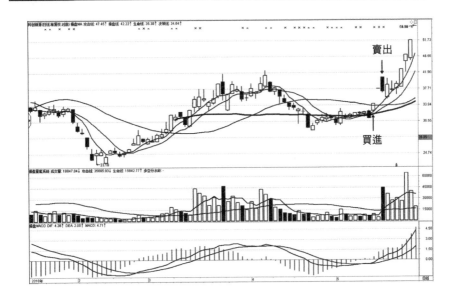

圖 4-13　科創新源 2018/1/18 至 2018/5/25 的日 K 線走勢圖

　　科創新源在你賣出時，剛好遇到前期高點的賣壓，此時賣出的行為是對的，因為不確定股價後期會以什麼方式調整。但是股價出現放量的開高走低大陰線後，只是一個跳空收低，股價之後被拉回來，而且沒有改變5日均線向上的角度，也就是說，雖然出現一根看似強勢的大陰線，但是股價依然處於上漲狀態。

　　後期的連續3根陽線，表示股價的重心繼續維持在5日均線上，這是非常強勢的表現。最重要的是，在前期較大的上漲波段中，有明顯的成交量放出，對應的進場資金均價在35元左右。出現洗盤K線時，股價還不到40元，只有14%獲利，此時主力資金一定還沒出場。

　　如果在股價回測5日均線時不敢買進，在漲停大陽線屢次突破前期K線的高點時，就要勇敢追高，因為此時不斷創新高後，股價上方沒有任何壓力，後期上漲的空間較大。所以，遇到洗盤時，如果前期

已經賣出，那麼股價屢創新高時，就是再次買進的時機，因為此時已經解套前期的所有套牢盤，而且是上升初期，股價上方幾乎沒有太多壓力，後市可期。

本章小結

第4-1節：長時間有場外資金積極吸籌的盤面，是選股的重要依據。順勢者一定是跟隨造勢者的足跡，所以沒有主力資金建立部位的股票，不是我們的首選標的。

第4-2節：在階段性高點出現拉升後快速打壓，都會伴隨主力資金出貨的行為，這樣的股票不是我們的首選標的。即使有上漲也不是我們要博取的獲利，我們要參與的是相對低點啟動、有明顯強勢資金參與的標的，因為我們不是造勢者。

 思考題

1. 吸籌盤面和出貨盤面的特徵是什麼？他們和股價位置的關係是什麼？

2. 判斷股價見頂時，如果股價再漲20%，你能堅持自己的判斷嗎？

3. 判斷股價見底時，如果股價再跌10%，你能堅持自己的判斷嗎？

NOTE

只要認識到趨勢在什麼地方出現，順著潮流駕馭
你的投機之舟，就能從中獲得好處。。

——華爾街傳奇操盤手 傑西 · 李佛摩

只要認識到趨勢在什麼地方出現，順著潮流駕馭
你的投機之舟，就能從中獲得好處。。

——華爾街傳奇操盤手 傑西·李佛摩

第 5 章

活用均線與葛蘭碧八大法則，成為駕馭波段的高手

5-1

巧妙搭配短、中、長期均線，
精準解讀漲跌趨勢

均線是主力操盤的標尺，更是在低位騙取籌碼、高位騙取現金的工具。上百年來，投資者不斷鑽研均線，發現很多規律，不過隨著股市變化，這種規律不斷被打破。操盤手關注均線，重點不在均線參數，而是均線讓人思考股價變化的含義。

在江氏交易系統中，主力思維無處不在，這也是江氏交易天機系列叢書的靈魂所在。在股市上有所斬獲的投資者，都會逐漸建立一套屬於自己的交易系統，因為成熟的交易系統才能應對股市的千變萬化。本節要討論的內容有2個方面，一個是主力操盤，另一個是均線系統。

均線是大資金制定交易計畫的標準

大資金的積極參與，經常影響著股價的運行，股市的最大特徵是這種行為發生的頻率太高。大資金進出股市一定比普通投資者更有計畫，不會盲目進出，而均線就是大資金在交易過程中，制定交易計畫的重要標準之一。

重要均線的命名與其真正含義如出一轍：

　　攻擊線的週期最短、變化最快，發生趨勢行情時，一定要有攻擊線打頭陣，才能保證行情的強勢。

　　上升趨勢中，股價一旦跌破**操盤線**，代表主力資金不想維持短期的上升趨勢；下降趨勢中，股價一旦站穩操盤線，代表有短期行情的機會。

　　如果股價都沒有站上**生命線**，表示暫時還沒有生命，短時間內很難有大的行情機會。

　　決策線是一根重要的多空分水嶺的均價線，股價一旦跌破決策線，中長期趨勢轉為空頭，暫時不具有操作機會。

　　本書從短期、中期和長期均線的角度，解析均線背後的含義，以及在不同時期均線相互配合時，該如何確定更準確的交易點位。

1. 短期均線

　　通常是指3日均線或5日均線，它們的變化速度最快，當股價發生趨勢性轉折時，短期均線會最先變化。

　　在上升趨勢中，一旦股價出現滯漲，短期均線會先走平，呈現上漲無力的走勢；在下降趨勢中，一旦股價出現止跌，短期均線會先走平，呈現下跌無力的走勢；在橫盤震盪期間，股價持續在短期均線上或下的時間不長，會圍繞它上下波動。

　　前文描述的是日線上的走勢，橫盤震盪走勢則有區分級別。震盪的幅度不同，股份圍繞波動的均線週線就不一樣。當振幅小時，圍繞波動的均線週期小；當振幅大時，圍繞波動的均線週期大。

2. 中期均線

　　中期均線指的均線，通常是根據不同投資者的持股風格決定，我們經常把10、14、20、30作為常用的中期均線。一旦股價在中期均線之下，代表中期沒有好的多頭機會，如果短期均線也同時向下，股價可能還會繼續創新低。

　　因此，股價在中期均線上不會有操作機會，一定是等待股價站穩中期均線後，短期均線向上攻擊，才會形成有效的趨勢啟動點。

3. 長期均線

　　我們經常把60、120、250作為長期均線參數，實戰中則是根據操盤者的風格，最終選擇的參數就會不同。一般情況下，我們會選擇60均線，並把它作為多空分水嶺。

　　選股時，股價處在長期均線之下不會成為我們首要關注的標的，只有站穩長期均線之上才會考慮。這是以均線系統作為選股工具時的做法，如果你是操作超跌的反彈行情，就不能用這種方式選股。

　　見圖表5-1，隆盛科技（300680）前期經過一次連續一字跌停板的超跌後，在底部展開震盪，但是沒有站穩60均線。如果你是趨勢交易者，股價之前的漲跌和你的操作關係不大，因為最多會出現異動的訊號，但是不會給你交易訊號，因為股價沒有站穩60均線。

　　這是一個標準也是鐵律，只有用這些標準過濾大批不滿足條件、上漲機率低的股票，才能保證操作的成功率，並實現穩健獲利。

　　如圖中標注所示，股價以一根強勢漲停大陽線站上60均線，雖然是漲停大陽線，但是股價沒有持續強勢上漲，而是展開回落，因為此時60均線還沒轉頭向上，長期的技術形態還沒修復，只能在股價回落的過程中，尋找更好的上升趨勢啟動點。

圖表 5-1	隆盛科技 2017/10/23 至 2018/5/25 的日 K 線走勢圖

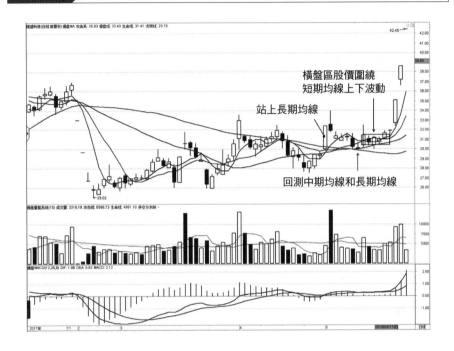

　　股價站上長期均線後開始回落，受到中期和長期均線的有效支撐，此時應該特別注意，而且這是最值得參與交易的位置。雖然股價沒有立刻上漲，但是股價的重心不再下移，在中期均線上方反覆震盪，以橫盤的方式蓄勢，在各週期均線呈現多頭排列，且逐漸開始轉頭向上時，就是上升趨勢的啟動點。

　　如果你能充分理解不同週期均線之間的關係與含義，便足夠你搭建自己的交易系統。剛剛分析隆盛科技的均線走勢，就是用均線系統交易最有效、實戰作用最強的模式——站穩長期均線後，股價回測中期均線，帶動短期均線開始上攻。

5-2

葛蘭碧的 4 大買點：黃金交叉、小幅跌破，還有什麼？

買點是交易時必須思考的問題，如果不能解決這個問題，會導致交易無從著手。一個沒有明確、定量的買點訊號，對交易的指導意義不大。均線的最大優勢，就是在股價沒有規律的變化中，發出非常明確的訊號。

 ## 用 10 日均線找出合適的買點

葛蘭碧的均線戰法一直被交易者津津樂道，它最大的功用是幫助我們搭建「用均線指導交易」的系統。江氏交易系統則是深入到股價運行背後深層的動因上，從多個元素與方位，詮釋股價漲跌的動因，進而鎖定準確率更高的交易點位。

本節將詳細介紹葛蘭碧八大法則（J.Granville Rules）中的4個買點（見圖表5-2），第5-3節則會介紹另外4個賣點。為了讓大家更清楚理解均線，我們只選取一根均線——10日均線，也就是分析操盤線。深入了解一根均線的變化後，會更容易理解多根均線。

首先分析葛蘭碧的4個買進法則。這4個買點是從趨勢形成過程中的均線變化展開，同時也是波浪理論在不同位置時形成的買點，因此只有理解趨勢的形成和轉換，才能充分理解4個買點。

圖表 5-2	葛蘭碧八大法則中的 4 個買點

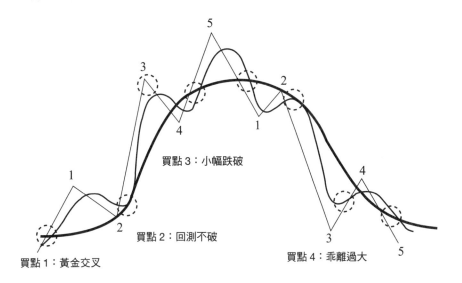

買點 3：小幅跌破

買點 2：回測不破

買點 1：黃金交叉

買點 4：乖離過大

　　我一再強調位置，因為任何脫離位置的交易點位都會大打折扣。如果你對江氏操盤系統有初步理解，請把你理解的一切知識帶入葛蘭碧八大法則中，才能更全面且有效地理解均線、位置及買賣點。

買點 1：黃金交叉

　　黃金交叉是指K線向上和操盤線形成的交叉，也就是操盤線從下降逐漸走平後轉為上升，而股價從操盤線的下方向上突破操盤線時，為買進訊號。

　　黃金交叉的標準是當天的收盤價站穩操盤線。交易系統的建構不能只從單一元素著手，一定是在充分理解量價時空的互補關係後，才能讓交易模型更完善。因此，形成黃金交叉時，最好是放量的大陽

圖表 5-3　聯創互聯 2017/11/28 至 2018/4/23 的日 K 線走勢圖

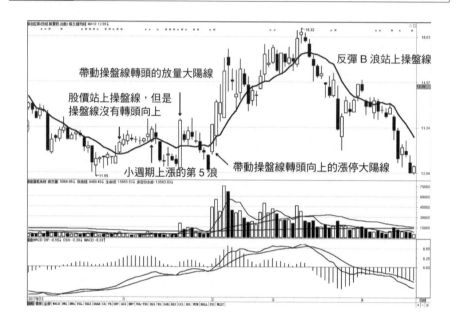

帶動操盤線轉頭的放量大陽線

股價站上操盤線，但是
操盤線沒有轉頭向上

反彈 B 浪站上操盤線

小週期上漲的第 5 浪

帶動操盤線轉頭向上的漲停大陽線

線，而且內部結構越健康，股價後期上漲的機率越大。

　　圖表5-3是聯創互聯（300343）剔除其他均線，只留下操盤線的走勢圖。不難看出，在趨勢性不明顯的情況下，股價會在操盤線上下擺動。請牢記，不是因為我們選擇操盤線，趨勢才會在均線上下擺動，而是股價的天性就是這樣，它不是圍繞某個通道運行，就是圍繞某根均線擺動，能夠找到這個通道或均線才是關鍵。

　　先看股價第1次站上操盤線時，沒有帶動操盤線轉頭向上，而且從K線實體的強度來看，不難發現股價上攻的強度一般，所以股價依然以橫盤震盪為主。

　　原則上，在股價回測操盤線時，會構成一個買點，但這個買點若是小週期第5浪的啟動點或B浪的啟動點，就沒有太大的參與價值，因

為上方的利潤空間有限。所以，圖表中股價第1次站上操盤線後的回測，不構成一個好的買點。

　　雖然股價跌破操盤線調整，但是沒有創新低，這對趨勢來說值得關注，我們要做的是等待新的進場訊號。圖表中特別標注的大陽線，對操盤線形成扭轉，此時只出現關注訊號，投資者需要等待股價有效回測時出現買進訊號。

　　由K線圖得知，這次股價沒有回測而是跌破操盤線，但是股價在前低點和大陽線的開盤價位置止跌，尤其是第2天直接跳空開高走高的大陽線，扭轉對該股價橫盤整理的判斷。次日股價開低回測操盤線，此時會在小週期上構成買點。如果你是嚴格的趨勢追隨者，可以等到股價創前一天新高時參與。

　　前面經過一個完整的上漲波段後，股價轉為下降趨勢，尤其是在大陰線超跌之後的反彈，非常吸引人。此時股價很容易以強勢上漲的方式站上操盤線，但是此時操盤線基本上是轉頭向下，出現回測也是第4浪或反彈的B浪，因此沒有合適的操作機會。

　　無論是上升趨勢、下降趨勢還是橫盤整理期間，不同股票都會以截然不同的方式運行，但是我們要確認，哪種形式能夠識別和參與？哪種是我們願意放棄的？因為放棄是為了留下資金，而選擇更值得操作的標的。從走勢圖中，已發現該上升趨勢不流暢，一旦進場點不完美，很容易被洗盤洗出來。

　　下頁圖表5-4中的上圖是第1根大陽線的分時走勢，這是上漲不流暢、賣盤較重的盤面，預示著若在短時間內沒有充分的換手和主力的吸籌，很難走出強勢、連貫的上升趨勢。下圖則是前文跳空開高走高漲停板的內部結構，雖然當天最終是封在漲停板，但是漲停板被反覆打開，主力洗盤的意圖明顯，為股價後期反覆出現開低埋下伏筆。

圖表 5-4　聯創互聯 2018/1/22 和 2018/2/1 的分時走勢圖

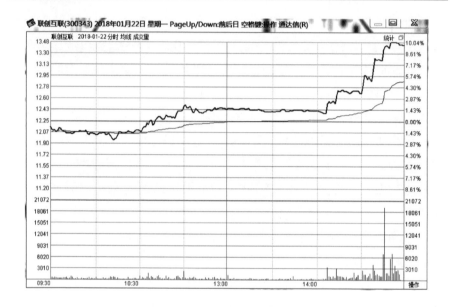

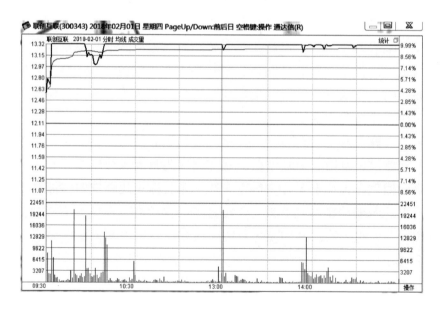

圖表 5-5　大燁智能 2018/1/10 至 2018/5/9 的日 K 線走勢圖

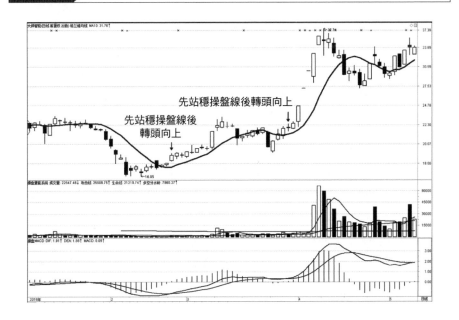

先站穩操盤線後轉頭向上

先站穩操盤線後
轉頭向上

見圖表5-5，大燁智能（300670）的走勢比聯創互聯更順暢，在股價站上操盤線後，不曾輕易跌破，即使在洗盤的位置，也只是短暫跌破後再次收回。股價前期超跌後緩慢上漲，是前面反覆強調2018年上半年很多妖股和龍頭股運行的邏輯。超跌後，股價以連續弱勢K線的方式反彈到前期的整理平台後，開始調整或洗盤，替股市製造上漲無力的跡象，但是大部分會在快速回測或洗盤後強勢拉升。

股價超跌後以弱勢K線的方式站上操盤線，此時操盤線沒有出現轉折點，暫時不能算是買點，也就是說，在圖中標注的第1根K線才有買進訊號，之前2根小陽線不具有買進的參考價值。交易時一定要嚴格遵守這個規則，因為你一旦為了1%或2%的獲利而違反規則，就很可能犯下大錯。

　　這是葛蘭碧法則給我們的交易訊號，不是江氏操盤系統給的訊號。如果你充分理解主力建立部位、洗盤及拉升，圖中標注的第2個點才是最佳買點。

　　接著將詳細分析大燁智慧的洗盤方式。由於股價滯漲於前期的成交密集區後，以任何方式調整或下跌都是正常的，但其中隨時出現值得交易的操作機會。這個洗盤過程藉由一個標準的ABC結構完成，在弱勢的反彈B過程中，注定還有一次下跌的C，在這個位置出現這種結構的機率非常大，因此投資者參與時要盡量回避弱勢B的高點，如果不小心參與，要敢在C出現後加碼。

　　圖表5-6中的上圖對應圖表5-5中標注的第1根K線，雖然股價當天沒有漲停，但早盤的強勢拉升波段已充分說明，當天有很強勢的資金在參與交易，這對使用第1個買點提供有效的輔助作用。我一再強調不要用單一的方法交易，一定要站在整體的高度，充分運用正確的思維方式分析股價，才可以大幅提高操作的成功率。

　　圖表5-6中的下圖對應圖表5-5中標注的第2根K線，這是一根振幅非常小的弱勢K線，可以視為標準的十字星。雖然K線實體的力道不大，但因為出現在重要的位置，必然會發揮重要的作用，因為它帶動操盤線轉頭向上。

　　在趨勢運行過程中，尤其是上升趨勢的初期，出現的十字星很可能成為加速站。因此，只要建立在充分分析前期主力的建立部位和洗盤後，就值得參與。

買點2：回測不破

　　這是最佳買點。回測不破是指股價站穩操盤線之後，回測不跌破操盤線，也就是操盤線會發揮重要的支撐作用，此時會形成非常好的買點，可以積極參與加碼買進。重要的是次日的K線和成交量，只有

圖表 5-6	大烨智能 2018/2/26 和 2018/3/29 的分時走勢圖

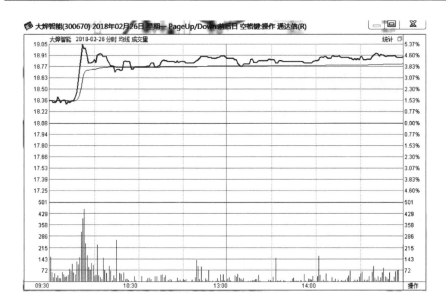

圖表 5-7	神力股份 2017/12/11 至 2018/5/15 的日 K 線走勢圖

能顯示是在上升趨勢中形成的自然回測，才具有參與價值。

如果你充分理解波浪理論和週期轉換，就知道該買點是小週期2浪的低點，會帶領我們參與最強的主升段。看圖表5-7，神力股份（603819）在超跌反彈時，曾出現一次回測不破的走勢，但這個位置的買點不是江氏操盤系統的買點，直到2次強勢向下打壓洗盤後，股價再次強勢上漲後回測操盤線不破，才會構成最好的買點。

買點3：小幅跌破

股價在上升趨勢中回測跌破操盤線，但是沒有構成實質性跌破，也就是在跌破時不是跌破的幅度不大，就是被快速拉回，發揮典型的

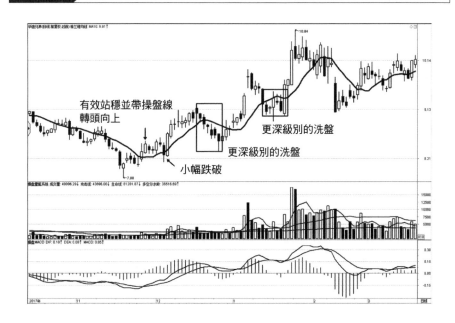

圖表 5-8　華誼兄弟 2017/10/13 至 2018/3/20 的日 K 線走勢圖

誘空作用。此時股價已有一個波段的漲幅，獲利盤開始湧出，需要這種誘空動作讓獲利盤出場，通常後續還會有較好的上漲空間。

　　見圖表5-8，華誼兄弟（300027）從最低點起漲後，曾經出現回測操盤線，不過是以下影線的方式跌破，隨後是大陽線快速修復。因為強勢資金的參與程度還不夠強，也沒有快速拉升的訊號，所以此時沒有構成江氏操盤系統的買點。

　　之後股價出現2次洗盤，第1次是以連續8根陰線的方式完成，雖然股價明顯跌破操盤線，但還是快速修復，只是不夠強勢，因此沒有好的交易訊號。第2次更深級別的洗盤則不一樣，股價5個交易日跌破操盤線，隨後以一根強勢大陽線的方式修復，這時候可以從股價的位置，辯證看待後期上漲的空間，再考慮是否值得參與。

| 圖表 5-9 | 保隆科技 2017/9/20 至 2018/3/2 的日 K 線走勢圖 |

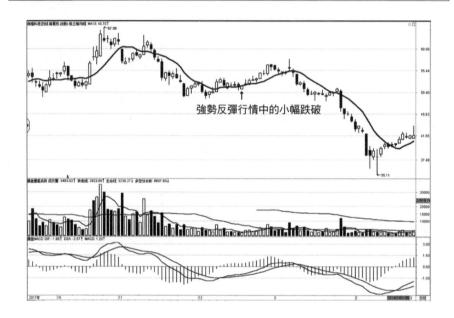

強勢反彈行情中的小幅跌破

　　小幅跌破會出現在股價的各種位置中，所以只有在徹底了解股價當前位置時，才能更有效地識別和應對風險。見圖表5-9保隆科技（603197）的走勢圖，在大級別反彈的B浪要減少操作，因為此時股價已經喪失強勢上漲的動能和慣性，可能隨時出現回落，這種回落會偏離技術分析工具，也就是不可控的因素會大幅提高。對投資者來說，放棄在這種位置交易是最明智的選擇。

　　最值得關注的小幅跌破是洗盤，本書不斷強調洗盤和出貨的區別，幫助我們識別洗盤，能夠盡量參與洗盤之後更強勢拉升的波段。所以，在有明顯建立部位的跡象後，又是在沒有明確的出貨訊號之前，股價出現快速下跌時，就應該特別留意。

　　見圖表5-10，白雲山（600332）的股價前期超跌，經過小陽線緩

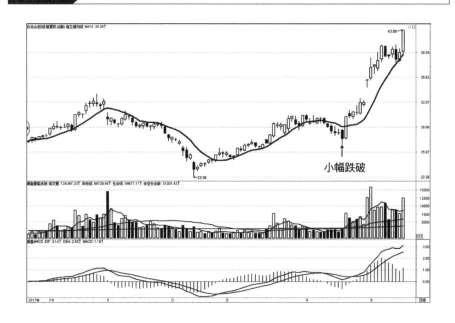

圖表 5-10　白雲山 2017/9/22 至 2018/5/15 的日 K 線走勢圖

小幅跌破

慢推升的反彈行情後，連續7根小陰線跌破操盤線，如果你熟悉這種反彈加洗盤的模式，從第6根陰線開始就是不斷加碼的機會。這和趨勢理論相悖，但如果你能洞察主力資金的痕跡，所有交易行為都發生在趨勢的形成和反轉之前。

買點 4：乖離過大

　　股價在操盤線下方，而且與操盤線的距離較遠，形成明顯的乖離時，容易出現反彈行情。但是，這種情況除非出現強勢的大陽線止跌，否則股價走出強勢反彈的機率不大，而且該訊號與趨勢理論、江氏操盤系統相悖。換句話說，乖離過大時會形成買點，但是這個買點

| 圖表 5-11 | 數據港 2017/11/27 至 2018/5/8 的日 K 線走勢圖 |

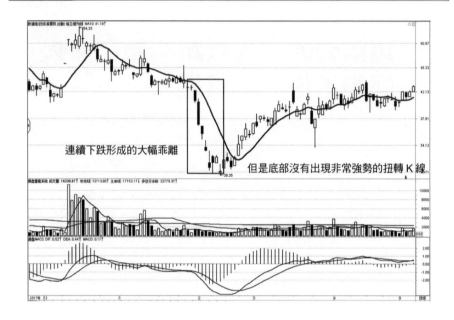

連續下跌形成的大幅乖離

但是底部沒有出現非常強勢的扭轉 K 線

的參與價值不大，因為失敗的機率太高。

　　見圖表5-11，在數據港（603881）的走勢中，股價經過強勢的連續下跌過程，期間沒有誘多的陽線，因此在最終止跌時才會出現乖離過大的買點。但是，從走勢中不難發現，參與乖離過大時，儘管陽線和黃金交叉的買點獲利相差不到5%，但是它們即將面臨和要承擔的風險截然不同。

5-3 葛蘭碧的 4 大賣點：死亡交叉、回測不過、乖離過大……

 投資者要有應對各種變化的能力

我一再向大家強調，要有足夠的理由才能參與買進，而形成賣點的條件一定要比買點的條件更寬鬆。葛蘭碧的4個買點配上江氏交易系統後，只有第2個和第3個買點值得參與，不建議大家參與第1個和第4個買點。

賣點則不太一樣，通常只要發現異常的訊號時就要賣出，至少要先出場以鎖定獲利。由於江氏交易體系主要是投資式投機，並不是完全的投資，因此很少會出現持股幾年的情況，那麼在短期出現調整需求時，必然要規避。

葛蘭碧的4大賣點（見下頁圖表5-12）與4大買點相互對稱，導致葛蘭碧八大法則在實戰中的準確度不高，因為股市本身不存在對稱的說法，而且股價上漲和下跌的邏輯截然不同，用脫離實際情況的理論分析股價，就會脫離實際，可操作性不強。

同樣地，對於4大賣點的理解也是建立在充分理解波浪理論、位置理論之後，而且買賣點通常不會按照理論講的一樣規矩，這要求在實戰中有能力應對股價的各種變化。

其實股價的分析理論不是很複雜，問題在於股價的真實走勢會出

圖表 5-12　葛蘭碧八大法則中的 4 個賣點

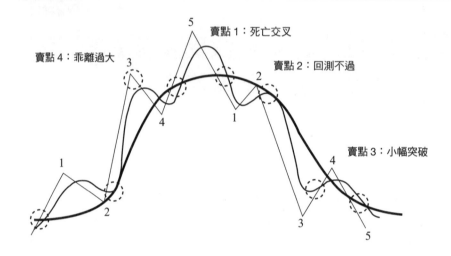

現很多變化和不規矩的情況，這需要我們在理論的基礎上活學活用，才能真正讀懂、看懂股價。

賣點 1：死亡交叉

死亡交叉是指，股價和操盤線形成死亡交叉時構成的賣點。在使用這種方法指引交易時，必須清楚當下股價的位置、一個波段的運行是否完整、主力資金是否已經開始出場？只有在這幾種情況下的死亡交叉才有意義，而且一般情況下，如果滿足前面的前提條件時，不需要等到死亡交叉就會出現賣出訊號。

這是在運用八大法則時，經常遇到的問題，告訴我們買賣點的不是黃金交叉或死亡交叉，而是股價運行的背後邏輯。

見圖表5-13，辰安科技（300523）在最後一波強勢上升趨勢中，

> **圖表 5-13** ▶ 辰安科技 2017/6/2 至 2018/3/1 的日 K 線走勢圖

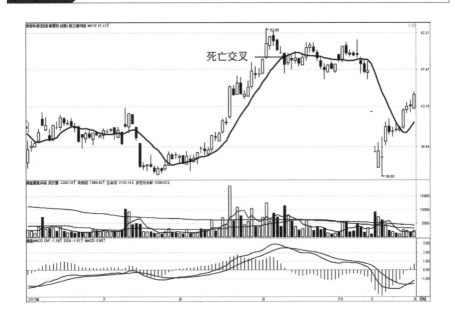

股價一直維持在操盤線之上。從走勢中可以看出，股價第 1 次跌破操盤線之後進入橫盤整理期間，死亡交叉是非常好的賣點，至少保證股價賣在相對高點。

　　但是，從 60 分鐘的走勢圖來看，股價在最高點的位置已構成明顯的背離，此時無論是 60 分鐘還是 30 分鐘，出現破壞性 K 線都是及時出場的訊號，也就是在真正的高點，有辦法比死亡交叉提前出場，兩者的獲利差距至少會有 10%。

 ## 賣點 2：回測不過

　　與上升趨勢中向下的回測一樣，在下降趨勢中也有向上的回測。

圖表 5-14 道氏技術 2017/10/11 至 2018/5/15 的日 K 線走勢圖

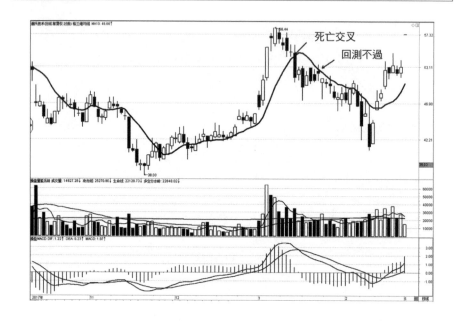

一旦確認階段性頭部，股價將以下跌為主，所以此時出現上漲就是及時出逃的機會。如果股價在反彈行情都沒有站上操盤線，表示股市做多的意願不是很強烈，這是減少部位或出場的最佳機會。

　　見圖表5-14，道氏技術（300409）完成一個波段的反彈行情後，股價開始快速回落，先向下跌破操盤線形成死亡交叉，也就是第1個賣點，之後以橫盤的方式等待操盤線向下。換句話說，不是因為股價的上漲帶動回測到操盤線，可見得反彈的動能貧乏。但是，很多投資者遇到這種情況時，還對後期走勢盲目抱有幻想，其實股市已經明確發出走弱的訊號，我們要做的是提升識別力和執行力。

> 圖表 5-15　神思電子 2017/7/13 至 2018/1/31 的日 K 線走勢圖

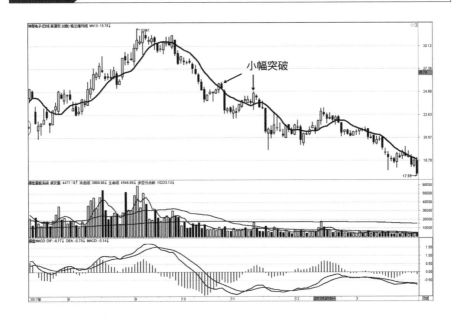

賣點 3：小幅突破

　　小幅突破與回測不過沒有本質上的差別，只是小幅突破的誘多性質比回測不過更強。實戰操作時，一旦操盤線已經轉頭向下，股價在走出小幅突破之前，一定會走出一次黃金交叉，但此時股價的位置已經發生明顯變化，不再是低點啟動，因此即使出現帶動操盤線轉頭向上的大陽線，也不會構成標準的黃金交叉買點。

　　如圖5-15所示，神思電子（300479）在下降趨勢中出現過2次向上的小幅突破。第1次突破時，操盤線還在向下，而且沒有能力帶動操盤線轉頭向上，所以不會構成黃金交叉的買點。第2次向上突破時的K線非常弱，因此沒有帶動操盤線轉頭向上，但是停在操盤線上的

時間變長，導致再出現陽線時，才帶動操盤線轉頭向上。

其實，如果單純依賴葛蘭碧法則來判斷，這是非常好的買點，只有充分結合江氏操盤的其他要素進行綜合分析，才能得到更準確的判斷：不是階段性低點、沒有築底跡象、沒有場外資金進場、股價上漲的意願不強。

賣點 4：乖離過大

當股價與操盤線的乖離較大時，會形成重要的賣點，但是這種賣點必須結合其他要素進行分析，否則很容易錯過強勢股，因為真正的強勢股一定是在持續背離的過程中走出來，若你的焦點是用技術分析的標準來看待，就會錯失強勢股。

因此，分析乖離過大的股票時，最好結合盤面來看，只有出現明顯的出貨盤面時，才能因為股價乖離過大而賣出，否則出現的乖離都是無效。

見圖表5-16，江龍船艇（300589）在反彈的主升行情中，走出遠離操盤線持續上漲的走勢。4個漲停板必然會分離多根均線，但是不能在股價出現漲停板時，因為指標背離而賣出股票。在前2個漲停板出現時，釋放的訊號是股市在持續走強，並沒有要賣出的資訊，但是次一日走出開高走低大陰線，和前期的漲停板相比，股市出現的賣盤越來越多。此時要注意，如果你無法判斷是洗盤還是出貨，就要先出場或減少部位。

之後股價再次走出2個漲停板，市場多頭動能依然比較強，直到出現跳空開低走低的大陰線，也就是在股價真正出現走弱訊號之前，過度關注乖離的意義不大，投資者應該把焦點放在分析主力資金的行為。

圖表 5-16　江龍船艇 2017/11/30 至 2018/5/11 的日 K 線走勢圖

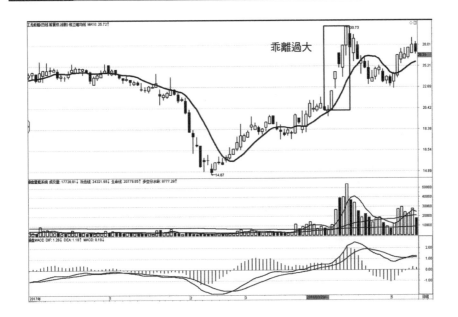

投 資 箴 言

　　俗話說：「盡信書不如無書。」投資股票也是如此，當你片面地相信某個技術時，往往離失敗不遠了。只有學會站在人性的角度，以動態和辯證的方式，全方位地分析股價的變化，才能跟上股市的節奏，掌握最佳買賣時機。

 **經 典 答 疑** -

提問者：許先生

均線有好多根，而且不同老師使用的均線系統不一樣。我總覺得均線系統看似強大，使用上卻最沒效果，因為它有時太滯後。江氏交易系統非常重視均線，但是我不知道該如何理解並面對這個均線問題。

回答者：君潔老師

江氏交易系統把均線作為主力資金操盤的標準或工具，而它既然是工具，能發揮的作用就取決於使用者。在股價沒有走出來之前，很難確定股價是否會遇到操盤線止跌，然而一旦回測到操盤線，就要特別注意，因為從歷史走勢中不難發現，操盤線的上下是短線多空的分水嶺，所以它在大機率上會形成重要的支撐和壓力。

分析股價的運行就是研究大機率事件，學習各方面的分析方法也是為了提高分析結果的準確度。所以，股價回測到操盤線時，要關注這個大機率事件是否會發生，最重要的訊號是在小週期的走勢上，會不會率先出現向上拉升的訊號。

同樣地，當股價回到生命線、決策線時也一樣，這為分析股價找到一個定量標準。隨著你對盤面的直覺越來越強，對均線的依賴就會越來越小，因為你已徹底了解每個週期均線背後的含義，以及它能提供多少資訊。

本章小結

　　本章講述均線對搭建交易系統的重要性，尤其著重分析為何很多人使用葛蘭碧八大法則時會失敗。

　　第5-1節：一個完整的均線系統，必須同時具備短期、中期及長期均線，否則對走勢的分析不夠全面，因為每個股價當下都會同時處在基本運動、次級運動及日常運動之中，只有分析股價在3個時期的走勢後，才會知道當下對應的運動性質和方向，以及是否會構成好的交易機會。

　　第5-2節：黃金交叉是第1個買點，一定是在出現階段性底部後才有效。回測不破是最佳買點，它的穩定性和安全性最強。小幅跌破最容易出現在洗盤後，所以只有在小週期出現上攻訊號後，才可以參與。乖離過大的買點通常不建議參與，除非是超跌後出現漲停板才值得考慮。

　　第5-3節：應該站在主力思維的角度分析賣點，如果一定要等到技術形態出現賣點訊號，通常都太遲了。用K線能量來分析，可以比死亡交叉更早找到賣點。回測不過和小幅突破都要求我們及時出場，不能抱有幻想。乖離過大不能作為賣點，一定要有主力出貨行為的訊號配合，才可以確定。

 思考題

1. 江氏操盤的均線系統對應的均線是哪些？它們含義是什麼？
2. 葛蘭碧的4大買點當中，哪個買點最好？
3. 在不同級別的行情中，4大買點和4大賣點是如何呈現的？
4. 在運用4大買點和4大賣點交易時，如何配合部位管理？
5. 均線系統需要與哪些要素結合，才能提高操作的成功率？

NOTE

設計出的工具越多，使用工具的人就得越聰明。

——股神 華倫·巴菲特

NOTE

設計出的工具越多，使用工具的人就得越聰明。

——股神 華倫‧巴菲特

思考題答案
主力思維是成為股市贏家的捷徑

　　本書共有5章，每一章的最後都列出一些問題，我猜你一定迫不及待想知道答案。但是，這裡無法提供明確的解答。或許你可以請教一些在股市中已有很深造詣的前輩，但我敢保證他們也無法給你標準答案，因為每個人都會有不同的答案。

　　那麼，怎樣才能找到屬於自己的答案？我想唯有透過學習，對股市有充分的研究和洞察，並建立自己的交易體系和交易模型，才是最好的答案。

　　此外，要解決思維層面的問題。股市是弱肉強食的戰場，想要成為贏家，一定要養成強者的思維，也就是本書的重點——主力思維。

　　無數的投資者在股市中前仆後繼，甚至連爬帶滾幾十年，依然不知道每次交易為什麼賺錢、為什麼虧錢。時間只是增加股齡，卻沒有改變在股市中追漲殺跌的散戶思維，更沒有站在主力運作股價的高度，斟酌每次交易決策是否順時順勢。

　　江氏交易系統在股市中經過無數次實戰印證，願意和我一起拓展這套體系的同仁越來越多，大家都認為應該幫助更多想在股市中披荊斬棘的人，所以我藉由書籍、授課、培訓等多種方式發揚光大。閱覽江氏交易天機系列叢書，不一定能幫助你在股市上有所作為，但一定會讓執著於股市的人少走岔路。

　　這是一個需要有前輩指引方向的戰場，但更需要自己潛心研究、做好充足的戰前規劃和部署，希望江氏交易天機系列叢書能幫助你，在股票投資這條道路上有所斬獲。

後記

流星容易恆星難，
累積知識才能穩定獲利

　　當你看到後記時，即使沒有深入研讀本書的內容，相信你對它也有初步的了解。

　　本書是為了想要在股市中長久獲利的投資者所準備，你越是深入了解書中內容，對你認識和走近股市越有幫助。但大家要明白一個道理：想要持續、穩健地獲利，需要長時間累積知識和經驗才能實現，並非一蹴而就。

　　任何想要在股市中一夜致富的想法都是不成熟的。很多投資新手抱著「先賺點錢再學習」的態度進入股市，殊不知沒有漁網時，捕到魚的機率小之又小。

　　上證指數從2015年5178的高點之後，進行一次大洗牌，股市的運行模式都在變化。一些機構的操盤手越來越年輕，從之前的60後、70後，逐漸向80後甚至是90後轉變，思維方式變得更加活躍和積極。股市中熱愛學習的股民越來越多，經常會形成一致性支撐和壓力，而主力操作時，就是要破壞這種支撐和壓力。

　　股票投資的學習分為術、法、道3個層次。如果投資者的學習是關注在術的層面，便很難應對股市變化，這也是很多投資者的交易模式一段時間可以獲利，但換一段行情就開始虧損的原因。唯有晉升到法和道的層面，才能應付股市的千變萬化。

　　最後，非常感謝北京大學中國金融研究中心證券研究所呂所長，在百忙之中抽空為本書作序。感謝我的助手曲君潔老師整理和歸納培

訓材料，並從股市中搜集最新案例，使本書得以順利出版。

同時，也要感謝我的父母、我的愛人賈紅秀、女兒孫藝瑋和兒子孫乾翔，支持我從事這個行業。感謝中國經濟出版社的丁楠編輯，以及所有工作人員對出版本書的支持和付出。

更要感謝讀完本書的你，如果對本書有任何意見或建議，歡迎聯繫我們，我和團隊所有成員歡迎你的指正。

NOTE

要考慮所有風險，甚至是不可能出現的風險，也
就是說，要時刻想起意想不到的因素。

——德國證券界教父 安德烈·科斯托蘭尼

NOTE

要考慮所有風險,甚至是不可能出現的風險,也就是說,要時刻想起意想不到的因素。

——德國證券界教父 安德烈·科斯托蘭尼

NOTE

要考慮所有風險，甚至是不可能出現的風險，也
就是說，要時刻想起意想不到的因素。

——德國證券界教父 安德烈·科斯托蘭尼

國家圖書館出版品預行編目（CIP）資料

最強投資大師教你看懂飆股K線：用 100 張圖抓住漲停板的訊號，
快速賺到 1000 萬／江海著
-- 初版 . – 新北市：大樂文化有限公司，2022.07
192 面；17×23 公分 . --（Money；40）

ISBN：978-626-7148-01-3（平裝）
1. 股票投資　2. 投資技術　3. 投資分析
563.53　　　　　　　　　　　　　　　　　　111006102

Money 040

最強投資大師教你看懂飆股 K 線
用 100 張圖抓住漲停板的訊號，快速賺到 1000 萬

作　　者／江　海
封面設計／蕭壽佳
內頁排版／思　思
責任編輯／張巧臻
主　　編／皮海屏
發行專員／鄭羽希
財務經理／陳碧蘭
發行經理／高世權、呂和儒
總編輯、總經理／蔡連壽
出 版 者／大樂文化有限公司（優渥誌）
　　　　　地址：220 新北市板橋區文化路一段 268 號 18 樓 之 1
　　　　　電話：（02）2258-3656
　　　　　傳真：（02）2258-3660
　　　　　詢問購書相關資訊請洽：2258-3656
　　　　　郵政劃撥帳號／50211045　戶名／大樂文化有限公司

香港發行／豐達出版發行有限公司
地址：香港柴灣永泰道 70 號柴灣工業城 2 期 1805 室
電話：852-2172 6513　傳真：852-2172 4355

法律顧問／第一國際法律事務所余淑杏律師
印　　刷／韋懋實業有限公司

出版日期／2022 年 7 月 11 日
定　　價／320 元（缺頁或損毀的書，請寄回更換）
I S B N　978-626-7148-01-3